LES SOURCES
DU DROIT CANONIQUE

VIIIe-XXe SIÈCLE

JEAN GAUDEMET

LES SOURCES
DU DROIT CANONIQUE
VIIIᵉ-XXᵉ SIÈCLE

Repères canoniques

Sources occidentales

Droit canonique

LES ÉDITIONS DU CERF
PARIS
1993

© *Les Éditions du Cerf,* 1993
(29, boulevard Latour-Maubourg
75340 Paris Cedex 07)

ISBN 2-204-04764-3
ISSN 1152-1155

AVANT-PROPOS

Ce livre n'est pas une « histoire des sources du droit de l'Église latine » ; encore moins l'histoire de la *formation* de ce droit.

Si cette dernière reste très largement à écrire, l'histoire des sources a fait l'objet de livres illustres, qui, bien que souvent déjà anciens, gardent toute leur valeur [1].

Il serait présomptueux de songer à les remplacer. Le propos est ici différent et plus modeste. Il s'agit de faciliter le recours

---

1. Parmi eux, toujours indispensables : Fr. MAASSEN, *Geschichte der Quellen und der Literatur des kanonischen Rechts im Abendland*, t. I (seul publié), Graz, 1870 (traite de la période IVᵉ - IXᵉ siècle). – P. FOURNIER et G. LE BRAS, *Histoire des collections canoniques en Occident, depuis les Fausses Décrétales jusqu'au Décret de Gratien*, 2 vol., Paris, 1931-1932. - J. Fr. VON SCHULTE, *Die Geschichte der Quellen und Literatur des canonischen Rechts von Gratian bis auf die Gegenwart*, 3 tomes en 4 volumes, Stuttgart, 1875-1880. - Seul couvre les deux millénaires de l'histoire du droit canonique, en fournissant une ample information sur les sources créatrices du droit et sur leur transmission : VAN HOVE, *Prolegomena* (t. I du *Commentarium lovaniense in codicem iuris canonici*) Malines-Rome, 1945 (2ᵉ éd. ; 1ʳᵉ éd. 1928). – Une *Historia fontium* a été donnée par A. STICKLER, Turin, 1950. – Beaucoup d'informations sur les sources du droit dans A. GARCIA Y GARCIA, *Historia del derecho canonico*, t. I : *El primo millenio*, Salamanque, 1967. - Pour les œuvres doctrinales de la fin du XIIᵉ siècle au XIVᵉ siècle : K. W. NÖRR, « *Die kanonistische Literatur* », dans *Handbuch der Quellen und der Literatur der neueren europäischen Rechtsgeschichte*, t. I *Mittelalter*, Munich, 1973, 365-382. - Le *Bulletin of Medieval Canon Law* donne chaque année depuis 1970 une riche information sur les travaux en cours et les publications récentes (fascicule annuel publié par l'Institut of medieval canon law de Berkeley, Californie). – Pour les années 1955-1970, ce bulletin était publié annuellement dans la revue *Traditio* (New York).

aux sources, en apportant sur elles quelques données essentielles, dans la mesure où ces sources sont aujourd'hui connues, publiées ou, pour le moins, inventoriées.

L'accent sera mis sur les principales sources créatrices du droit, les collections canoniques et les grandes œuvres doctrinales.

Dans un empire si vaste, des choix sont nécessaires[2] ; des omissions volontaires et des lacunes involontaires seront aisément relevées. Puisse ce qui est consigné dans les pages qui suivent apporter quelque secours aux recherches des historiens du droit canonique, parfois aussi à ceux des sociétés qui ont été marquées par ce droit.

L'enquête que nous avons menée sur « les sources du droit de l'Église en Occident du IIᵉ au VIIᵉ siècles[3] » nous dispense de revenir sur la période des origines. Ce travail s'arrêtait « au seuil de l'époque carolingienne ». Ce sera notre point de départ (le VIIIᵉ siècle).

L'histoire de l'Église, comme celle du monde occidental, de ses institutions et de sa pensée invitent à répartir notre long cheminement en trois périodes.

L'*époque carolingienne* (VIIIᵉ - Xᵉ siècle) s'ouvre par une brève renaissance, que suit un lent déclin.

Puis ce sont les siècles où la religion chrétienne marque profondément la vie sociale, où l'Église rayonne par l'autorité de ses pontifes et la science de ses clercs ; où, par ses qualités techniques et son souci de la justice, son droit s'impose dans de nombreux domaines. C'est l'« *âge d'or de l'universalisme occidental* ». Ici encore un siècle de préparation, un moment d'apogée, puis, dès les débuts du XIVᵉ siècle, les signes annonciateurs d'une crise, qui « de la captivité de Babylone » (1309-1377) conduit jusqu'à la crise de la Réforme.

C'est alors l'*époque moderne*, qu'ouvrent le triomphe de

---

2. Nous laissons en dehors de notre enquête les règles monastiques, car il s'agit là des droits particuliers des religieux.

3. J. GAUDEMET, *Les Sources du droit de l'Église en Occident du IIᵉ au VIIᵉ siècle*, Paris, Éd. du Cerf, coll. « Initiations au christianisme ancien », 1985.

l'humanisme et la fracture de la Réforme. Progressivement, en face de l'Église se dressent des États, jaloux de leur souveraineté, un monde de plus en plus sécularisé. L'Église prend une place nouvelle. Ainsi va-t-on du concile de Trente à Vatican II (XVIe - XXe siècle).

Liste des abréviations

AC	*L'Année canonique*, Paris, Institut catholique.
AHC	*Annuarium historiae conciliorum.*
AHP	*Archivium historiae pontificiae.*
Atti... Mendola :	*Atti della... settimana international di studio.* Mendola, Pubblicazioni dell'università cattolica del Sacro Cuore, « Miscellanea del Centro di studi medioevali », Milan.
BMCL	*Bulletin of Medieval Canon Law*, Berkeley.
CCL	« Corpus christianorum, Series latina. »
CCM	« Corpus christianorum, Continuatio medievalis. »
COD	G. ALBERIGO (éd.), *Conciliorum oecumenicorum decreta*, Istituto per le scienze religiose, Bologne, 3ᵉ éd., 1973 (*Décrets des conciles oecuméniques*, Paris, Éd. du Cerf, 1993, éd. latin-français).
DA	« Deutsches Archiv für Erforschung des Mittelalters. »
FOURNIER-LE BRAS, *Coll.*	P. FOURNIER et G. LE BRAS, *Histoire des collections canoniques en Occident depuis les Fausses Décrétales jusqu'au Décret de Gratien*, 2 vol., Paris, 1931-1932.
GARCIA, *Historia*	A. GARCIA Y GARCIA, *Historia del derecho canonico*, t. I : *El primo millenio*, Salamanque, 1967.
HDIEO	G. LE BRAS et J. GAUDEMET (éd.), *Histoire du droit et des institutions de l'Église en Occident*, 14 volumes publiés, Paris, 1955-1989.
VAN HOVE, *Prolegomena*	A. VAN HOVE , *Prolegomena ad codicem iuris canonici*, Malines-Rome, 2ᵉ éd. 1945.
MEFR	« Mélanges de l'École française de Rome, série Moyen Âge. »
MGH	« Monumenta Germaniae Historica. »
NA	*Neues Archiv der Gesellschaft für ältere deutsche Geschichtskunde.*
PL	J.-P. MIGNE, « Patrologie latine. »

Proc. ... Cong.	*Proceeding of the... international congress of medieval*
MCL	*canon law*, « Monumenta iuris canonici, series C, subsidia, Biblioteca apostolica Vaticana. »
RDC	*Revue de droit canonique*, Strasbourg.
RHD	*Revue historique de droit français et étranger*, Paris.
RHE	*Revue d'histoire ecclésiastique*, Louvain.
RHEF	*Revue d'histoire de l'Église de France*, Paris.
RSR	*Revue des sciences religieuses*, Strasbourg.
SCHULTE, Quellen	J. F. SCHULTE, *Die Geschichte der Quellen und der Literatur des canonischen Rechts von Gratian bis auf die Gegenwart*, 3 volumes en 4 tomes, Stuttgart, 1875-1880.
Sett. ... Spoleto	*Settimane di studio del Centro italiano di studi sull'alto Medio Evo*, Spolète.
SDHI	*Studia et documenta historiae et iuris*, Rome, Latran.
STICKLER, *Hist. font.*	A. STICKLER, *Historia iuris canonici. Historia fontium*, Turin, 1950.
Variorum	Variorum reprints, Londres, puis Northampton.
ZSS KA	*Zeitschrift der Savigny Stiftung für Rechtsgeschichte, Kanonistische Abteilung.*

PREMIÈRE PARTIE

L'ÉPOQUE CAROLINGIENNE

Le triste état des mœurs et de la discipline ecclésiastique, qui, à la fin du VIIᵉ et au début du VIIIᵉ siècle, marque la lente disparition de la monarchie mérovingienne, l'expansion des Arabes, qui occupent la plus grande partie de la péninsule Ibérique (711), menacent les côtes italiennes et celles de la France méditerranéenne, exigent un pouvoir politique plus efficace et une réforme de la société ecclésiastique. Ce sera la renaissance (la réforme) carolingienne.

Elle se caractérise par une étroite collaboration entre la papauté et les épiscopats d'une part, les pouvoirs politiques de l'autre. D'où l'importance de la législation séculière, celle des capitulaires, en matière ecclésiastique. Cette renaissance est également marquée par le rôle des conciles dans la réforme de l'Église à la fin du VIIIᵉ siècle ; puis, à partir du règne de Louis le Pieux (814-840) jusqu'à la fin du IXᵉ siècle, pour rappeler au respect de la discipline. Ainsi s'explique l'abondance de la législation conciliaire.

La multiplication des règles, la volonté de les faire connaître pour qu'elles soient respectées expliquent le développement, jusqu'alors inconnu, des collections canoniques.

D'où les deux chapitres de cette première partie : « La législation canonique » (les sources créatrices du droit canonique) et « Les collections canoniques. »

CHAPITRE PREMIER

LA LÉGISLATION CANONIQUE

Bibliographie.
C. DE CLERCQ, *La Législation religieuse franque de Clovis à Charlemagne*, Louvain-Paris, 1936.
—, « La Législation religieuse franque depuis l'avènement de Louis le Pieux jusqu'aux Fausses Décrétales », RDC, 1954-1956.
—, « La Législation religieuse franque depuis les Fausses Décrétales jusqu'à la fin du IXᵉ siècle », RDC, 6, 7, 8, 1956-1958.

I. SOURCES ECCLÉSIASTIQUES

A. LETTRES DES PAPES

1. — Lettres de Grégoire le Grand, quelque 860 lettres conservées.
Éditions.
P. EWALD, L. HARTMANN, MGH *Epist.*, t. I et II, 1887-1891 (réimpr. 1978).
D. NORBERG, CCL, 140-140 A, 1982.
P. MINARD, coll. « Sources chrétiennes », t. I, 2 vol., n° 370-371, 1991.
Importante littérature récente sur Grégoire et ses œuvres, voir en particulier les actes de deux colloques récents : Chantilly,

1982 (Paris, 1986) et Rome, 1990 (*Studia ephemeridis « Augustinianum »*, 33 et 34, Rome, 1991).

    2. – H. ZIMMERMANN, *Papsturkunde 896-1046*, 2 vol., Akademie der Wissenschaft, Vienne, 1984-1985, *Denkschriften* 177.

    3. – Dans PL.

        Léon III (795-816), PL 102.
        Étienne IV (816-817), PL 102.
        Pascal Ier (817-824), PL 102.
        Grégoire IV (827-844), PL 106.
        Serge II (844-847), PL 106.
        Nicolas Ier (858-867), PL 119.
        Agapet II (946-955), PL 133.
        Jean XII (955-964), PL 133.
        Jean XIII (965-972), PL 135.
        Benoît VI (973-974), PL 135.
        Jean XIV (983-984), PL 137.

    4. – Dans les MGH, *Epist.*

    T. V (1898), E. DÜMMLER (éd.), *Lettres de papes du IXe siècle.*

    T. VI (1925), DÜMMLER et E. PERELS (éd.), *Lettres de Nicolas Ier et Hadrien II (858-872).*

    T. VII (1928), E. CASPAR et G. LAEHR (éd.), *Lettres de Jean VIII à Formose (872-896).*

    5. – F. LOHRMANN, *Das Register Papst Johannes VIII (872-882)*, Tübingen, 1968.

    6. – E. PITZ, *Papstreskripte im frühen Mittelalter*, « Beiträge zur Geschichte und Quellenkunde des Mittelalters », 4, 1990.

B. CONCILES

    Grande activité conciliaire à l'époque carolingienne (220 synodes, contre 62 pendant l'époque mérovingienne), mais inégalement répartie : intense au début de la réforme carolingienne, dans les années 740-760 ; peu de conciles sous Charlemagne (sauf les conciles tenus dans diverses villes en 813 pour préparer un grand concile de l'Église franque qui, par la suite de la mort de l'empereur en 814, ne fut pas réuni) ; reprise de l'activité conciliaire avec le règne de Louis le Pieux et pendant le IXe siècle.

Bibliographie.
W. Hartmann, *Die Synoden der Karolingerzeit im Frankreich und in Italien*, « Konziliengeschichte », 1989.

H. Mordek, « Rom, Byzanz und die Franken im VIII Jahrhundert », dans *Person und Gemeinschaft, Festschrifte für K. Schmid*, Sigmaringen, 1988, 123-158.

H. Wolter, *Die Synoden im Reichsgebiet und Reichsitalien von 916 bis 1056*, « Konziliengeschichte », 1988.

Éditions. En dehors des informations que l'on peut trouver dans les deux grandes collections de J. B. Mansi et de K. Hefele - H. Leclercq, on signalera dans les MGH, *Leges, Sectio III, Concilia.*

T. II, A. Werminghoff, *Concilia aevi carolini*, 1906-1908.

T. III, W. Hartmann, *Die Konzilien der karolingischen Teilreiche, 843-859*, 1984.

T. VI, E. Dieter Hehl, *Die Konzilien Deutschlands und Reichsitaliens, 916-1001*, vol. I : *916-960*, 1987.

MGH, *Hilfsmittel*, 3.

I. Schröder, *Die westfränkischen Synoden von 888 bis 987*, 1980.

C. LES STATUTS ÉPISCOPAUX

L'évêque est législateur pour son diocèse. Il prend des dispositions législatives, en s'entourant des avis de ceux qu'il entend consulter. Il reste seul maître et seul responsable de la décision. Cette législation particulière doit naturellement respecter les prescriptions de la législation générale (celle du pontife romain et celle des conciles).

L'époque carolingienne nous a laissé un certain nombre de statuts épiscopaux qui, chronologiquement, se répartissent en deux groupes : ceux de l'époque de Charlemagne et ceux de la seconde moitié du IXᵉ siècle.

Bibliographie. On consultera le livre de

P. Brommer, *Capitula episcoporum* (« Typologie des sources du Moyen Âge occidental », 43, 1985), qui donne toutes les informations utiles.

J. Gaudemet, « Les Statuts épiscopaux de la première décennie du IXᵉ siècle », *Proc. IVth. Cong. MCL*, Toronto, 1972 ; Cité du Vatican, 1976, 303-349 (Variorum, 1980).

Une édition des *Capitula episcoporum* est en cours dans la collection des MGH : Iʳᵉ partie, par P. BROMMER, 1984 (*Cap. ep., I*).

Principaux statuts épiscopaux d'époque carolingienne.

Première époque : celle de Charlemagne.

— *Théodulf d'Orléans* (évêque de 789 à 818).
Statut I, *ad presbyteros*, 46 canons.
Statut II, 85 canons (av. 813).
Édition. Cap. ep. I.
Bibliographie. P. BROMMER, « Die bischöfliche Gesetzgebung Theodulfs von Orléans », ZSS KA, 60, 1974, 1-120.
Sur leur *diffusion.*
P. BROMMER, ZSS KA, 61, 1975, 113-160.
H. SAUER, *Theodulfi capitula in England*, Munich, 1978.
— *Gerbald de Liège.*
Statut I, avant 813.
Statut II, 802-805.
Statut III, 801-802.
Édition. Cap. ep., I.
— *Capitula Florentina* (ms à la Laurentienne, auteur inconnu), 820-830.
Édition. Cap. ep., I.
— *Capitula de Rotger de Trèves*, après 820.
Édition. Cap. ep., I.
— « Statut anonyme du manuscrit de Freising » (E. SECKEL [éd.], NA, 29, 1904).
— *Statut anonyme du manuscrit de Vesoul* (probablement après 813) (Ch. DE CLERCQ (éd.), *La Législation religieuse...*).
— *Statut anonyme du manuscrit A.* BORETIUS, 119.

Deuxième époque (seconde moitié du IXᵉ siècle).

– *Capitula Treverensia* (entre 830 et 900).
Édition. Cap. ep., I.

– *Capitula de Rodolphe de Bourges* (853-866).
Édition. Cap. ep., I.
P. BROMMER, *Die Quellen der « Capitula Rodolf von Bourges »*,
« Francia », 5, 1977, 27-43.
J. L. GAZZANIGA, « Les Statuts diocésains de Rodolphe de
Bourges », *Mélanges Dauvillier*, Toulouse, 1969, 329-342.

– *Capitula d'Hincmar de Reims (capitula* de 852 pour les
clercs).
Éditions.
PL 125, 773-778.
J. DEVISSE, *Hincmar de Reims*, 1976, t. II, 872-886.

– *Capitula d'Isaac de Langres* (859-880).
Éditions.
PL 124, 1075-1110.
H. MORDEK, « Isaak der Gute in Freiburg im Brisgau »,
Freiburger Diozesan Archiv, 100, 1980, 203-210.

– *Capitula d'Herald de Tours* (858).
Édition.
PL, 121, 763-774.

– *Capitula de Gauthier d'Orléans* (seconde moitié IXᵉ siècle).
Édition. Cap. ep., I.

– *Deux capitulaires d'Hildegar de Meaux* (le second de 868).
Édition. Cap. ep., I.

– *Deux statuts d'évêques inconnus du milieu du* IXᵉ siècle
publiés par P. W. FINSTERWALDER, ZSS KA, 14, 1925, 350-
367.

II. SOURCES SÉCULIÈRES

Il s'agit essentiellement des capitulaires des souverains carolingiens.

Éditions.

A. Boretius et V. Krauss, *Capitularia regum Francorum*, 2 vol., MGH, 1883-1897. — Cette édition est discutée.

A. Bühler, « Capitularia relecta », *Archiv für Diplomatik*, 32, 1986, 1305-1350.

H. Mordek, *Karolingische Kapitularien*, « Quellen und Forschungen zum Recht in Mittelalter », 4, 1986, 25-50.

—, *Unbekannte Texte zur karolingischen Gesetzgebung*, DA, 42, 1986, 446-470.

H. Mordek, G. Schmitt, *Neuekapitularien und Kapitulariensammlungen*, DA, 43, 1987, 361-439.

A. Krah, « Zum Kapitulargesetzgebung, in und für Neustrien », La Neustrie, *Beiheft von « Francia »*, 16, Sigmaringen, 1988, 565-581.

Une édition critique avec traduction française de neuf capitulaires de réforme de Charlemagne (entre 802 et 811) a été donnée par Ch. De Clercq, dans la collection des « Testi » de l'université de Camerino, section V, n° 3, Milan, 1968.

La législation des capitulaires de réforme a été recueillie par l'abbé de Saint-Wandrille, Anségise, dans une collection canonique en quatre livres, dont les deux premiers regroupent les capitulaires ecclésiastiques de Charlemagne et de Louis le Pieux (G. H. Pertz [éd.], MGH, *Leges*, t. I, 1965 [rééd. ; 1re éd. 1885], 271-325).

CHAPITRE II

LES COLLECTIONS CANONIQUES

Liées à la réforme carolingienne ou indépendantes de ce mouvement, prolongeant les collections de l'époque antérieure ou s'orientant dans des voies nouvelles, les collections canoniques [1] de l'époque carolingienne peuvent, pour la commodité, être réparties en cinq familles.

I. L'« HIBERNENSIS »

Vers 700, dans la lointaine Irlande fut composée une collection systématique, désignée, d'après son origine, sous le nom d'*Hibernensis*.

Édition. F. W. H. WASSERSCHLEBEN, *Irische Kanonessammlung* (1886). — Son originalité est d'avoir accueilli près de six cents fragments empruntés aux Pères de l'Église latine. Cet exemple sera suivi. Innovation importante : des textes, qui étaient l'expression d'une morale et qui n'engageaient que l'autorité (parfois considérable) de leur auteur, acquièrent valeur de règles de droit par leur insertion dans une collection juridique.

Diffusion de la collection limitée, étant donné son origine lointaine.

---

1. Sur les collections canoniques en général, on consultera l'exposé de synthèse donné par le chanoine G. FRANSEN, *Les Collections canoniques*, « Typologie des sources du Moyen Âge occidental », 10, 1973 ; mise à jour 1985.

II. COLLECTIONS DE LA RÉFORME
CAROLINGIENNE

La « *Dionysio-Hadriana* ». Collection remise par Hadrien Ier à Charlemagne en 774.

Édition de la seconde recension par Chr. JUSTEL (reproduite dans PL, 67, 137-316). — Collection chronologique reprenant la *Dionysiana*.

Diffusion à partir des années 800 (Gaule du Nord, Rhénanie, Allemagne du Sud) ; plus de 80 manuscrits connus ; utilisée par Hincmar, qui la fit recopier (J. DEVISSE, *Hincmar*, t. III, 1413, App. III). Qualifiée de *Liber authenticum*, ce qui ne veut pas dire qu'elle eut valeur officielle. Plusieurs collections sont en concurrence. La *Dionysio-Hadriana* est concurrencée avantageusement par des collections systématiques (*Dacheriana*, *Concordia* de Cresconius, *Vetus Gallica*).

Bibliographie.

R. KOTTJE, *Zeitschrift für Kirchengeschichte* 76, 1965.

H. MORDEK, *Kirchenrecht und Reform*, 241-249.

H. FÜHRMANN, « Das Papsttum und das kirchliche Leben », *Sett. Spoleto*, 27, 1979, 436-443.

— La « *Dacheriana* ».

Édition. D'ACHERY, *Spiciligium*, t. II, 1re éd., 1669 ; t. I, 2e éd., 1723.

Édition imparfaite, voir G. LE BRAS, « Les deux formes de la "Dacheriana" », *Mélanges Fournier*, 1929, 395-414 et Dom G. HAENNI, « La "Dacheriana" mérite-t-elle une réédition ? », RHD, 1956, 376-390.

Sur la transmission, H. MORDEK, *Quellen und Forschungen aus Italien. Archiven und Bibl.* 47, 1967, 574-595.

Ms. BN lat. 3839 A et 3839 (fragments) ; autres manuscrits cités par H. MORDEK, *Kirchenrecht...*, 260-263.

Origine lyonnaise (peut-être œuvre d'Agobard ? H. MORDEK, *Kirchenrecht...*, 260), la forme dans le Cod. Vat. Reg. lat. 446, originaire de Lyon, est très proche de la forme primitive.

Collection systématique faite pour la réforme carolingienne.

Utilisée par les collections de la première moitié du IXᵉ siècle et jusqu'à la réforme grégorienne.
Sur son utilisation par Hincmar de Reims, J. DEVISSE, t. III, App. III, 1414-1423.

III. COLLECTIONS TRIBUTAIRES DE LA « VETUS GALLICA »

— *Collectio Herovalliana* (du nom d'Antoine d'Hérouval, † 1689, qui posséda le manuscrit actuellement BN lat. 13657), qui n'est qu'une copie faite au XIᵉ siècle d'une recension tardive de la collection (forme B) H. MORDEK, RDC, 28, 1978, 221 ; manuscrits de la forme A, voir H. MORDEK, *Kirchenrecht...*, 111-112.
Date. Deuxième moitié VIIIᵉ siècle ; texte le plus récent, Étienne II, 754.
Origine. Gaule.
Édition. J. PETIT, 1677, dans PL 99, 989-1086, incomplète, utilise la forme B.
Collection systématique, inspirée de la *Vetus Gallica*, 76 chapitres.

— *Collection du manuscrit de Saint-Amand.*
BN 1453 (IXᵉ siècle ?).
Influencée par l'*Herovalliana*.

— *Collection du manuscrit de Saint-Germain.*
BN lat. 12444.
Date. VIᵉ siècle.
Lieu. Gaule.
Collection en 21 chapitres, systématique.
Bibliographie. H. MORDEK, *Kirchenrecht...*, 144-147.

— *Collectio Frisingensis secunda.*
Connue par un seul manuscrit du VIIIᵉ siècle.
Édition. H. MORDEK, *Kirchenrecht...*, 618-633.
Utilise exclusivement la *Vetus Gallica*.

Collection médiocre, sans rubrique, désordonnée, d'où son peu de diffusion.

— *Collection du manuscrit de Laon.*
Deux manuscrits, un de Laon, 201 et un de Saint-Pétersbourg.
Date. Second quart ou milieu du ixe siècle.
Bibliographie.
P. FOURNIER, RSR 6, 1926, 217-230.
H. MORDEK, *(Kirchenrecht..., 164-166)* qui croit qu'elle utilise non l'*Herovalliana* (voir P. FOURNIER) mais la *Vetus Gallica.*
Diffusion. Faible.

— *Collection de Bonneval.*
BN 3859, première version f°s 1-54, ixe siècle.
BN 3859, f° 129 s, deuxième version, peu après.
Date. Première version, après 816.
Bibliographie. H. MORDEK, *Rechtssammlung der Handschrift von Bonneval*, DA, 1968, 339-434.
Collection méthodique ; 469 (+ 2) canons, en 52 titres ; inspirée, non servilement, de la *Vetus Gallica.*
Diffusion. Faible.

— *Collection du manuscrit BN lat. 1478.*
Bibliographie. J. RAMBAUD-BUHOT, RHD, 1956, 50-73.
Collection méthodique, surtout conciliaire, 309 canons.

— *Collection en deux livres.*
Deux manuscrits BN nouvelles acquisitions lat. 452 ; Vat. Reg. Christina, 407.
Date. Postérieure à la *Dacheriana*, vers 825-850.
Bibliographie. P. FOURNIER, RSR 6, 1926, 513-526.
Livre I, textes patristiques ; livre II, textes qui ne figuraient pas dans la *Dionysio-Hadriana*, empruntés à des collections gauloises (contra H. MORDEK).

— *Collection du manuscrit de Troyes 1406.*
Édition partielle de B. BLUMENKRANZ, « Deux compilations canoniques de Florus de Lyon et l'action antijuive d'Agobard », RHD, 1955, 227-254 ; 560-582.
Date. Florus est mort vers 860.

Utilise la *Vetus Gallica* et le Pseudo-Isidore (voir H. MORDEK, *Kirchenrecht...*, 178-180).

Œuvre typique de la réforme carolingienne, réclame : l'indépendance des évêques vis-à-vis du pouvoir séculier, la liberté des élections épiscopales, la liberté des clercs.
Tendance antijuive.

— *Collection en 22 chapitres.*
Date. Au plus tôt vers 860.
Lieu. Lyon (P. FOURNIER) ou le nord de la France (H. MORDEK).
Mêmes tendances réformatrices que la collection du manuscrit de Troyes.
Collection méthodique, importante.
Diffusion. Large.

— *Collection en 342 chapitres.*
Collection mal connue, seulement par des manuscrits tardifs, par exemple BN lat. 3839 A, f°ˢ 110-134 (xiᵉ siècle).
Date. Peut-être seconde moitié du ixᵉ siècle.
Bibliographie. J. RAMBAUD-BUHOT, « Un corpus inédit de droit canonique », *Mélanges Caïn*, t. II, 1968, 271-281.
H. MORDEK, *Kirchenrecht...*, 180-182.

— *Collection en 234 chapitres.*
Date. Seconde moitié du ixᵉ siècle.
Lieu. Germanie.
Utilise la *Herovalliana* [2].

IV. LES RECUEILS PSEUDO-ISIDORIENS

Quatre collections très importantes, qui ont suscité une abondante bibliographie. Voir surtout H. FUHRMANN, *Einfluss und Verbreitung der pseudo-isidorischen Fälschungen*, MGH, *Schriften*, 3 vol., 1972-1974. Sur le « genre littéraire » des faux

---

2. Voir p. 37.

(souvent étudié), voir surtout les six volumes de *Fälschungen im Mittelalter*, MGH, *Schriften*, 33, 1988-1990.

A. LES RECUEILS

Quatre recueils.

— *Hispana d'Autun*. Remaniement de l'*Hispana gallica* Cod. Vat. lat. 134 (xᵉ siècle), ancien manuscrit d'Autun.
Faible diffusion (seul manuscrit connu).
Contient déjà des interpolations qui annoncent celles des *Fausses Décrétales* (J. RICHTER, « Stufen pseudo-isidor. Verfälschung », ZSS KA, 64, 1978, 1-72.

— *Capitula Angilramni.*
Édition.
— P. HINSCHIUS, *Decretales pseudo-isidorianae et « Capitula Angilramni »*, Leipzig, 1863.
P. CIPROTTI, université de Camerino, « Testi », Milan, 1966.
71 brefs chapitres qui se disent envoyés par Hadrien Iᵉʳ à l'évêque de Metz, Angilramne (769-791).
Traite surtout de procédure (pour protéger les clercs contre les poursuites abusives des laïcs).
Utilise largement le droit romain, mais aussi l'*Hispana d'Autun*, la *Dionysio-Hadriana*, etc.
Date. Avant les Faux Capitulaires (qui sont postérieurs à avril 847).

— *Faux Capitulaires de Benoît le Lévite.*
Bibliographie.
H. MORDEK, « Une nouvelle source de Benoît le Lévite », RDC t. XX, 1970, 241-251 (il s'agit de la *Vetus Gallica*).
—, *Kirchenrecht...*, 190-196.
Sur le droit romain dans Benoît le Lévite, F. GANSHOF, *Ius romanum mediaevi*, I, 2, b, cc, β, Milan, 1969).
Édition.
E. BALUZE (1677) repris dans PL 97, 697-912.
G. H. PERTZ, MGH, *Leges*, t. II, 1837, 17-158.

Se présente comme la suite des quatre livres des Capitulaires d'Anségise.

Trois livres (d'où l. V à VII) et trois additions.

Donne des capitulaires authentiques de 569 à 829, parfois remaniés, et des faux. 1 721 chapitres. Les trois quarts des textes présentés comme des capitulaires authentiques sont des textes fabriqués.

Date. Avant les Fausses Décrétales ; après avril 847 (H. FUHRMANN).

Emprunts. À la Bible, aux conciles, aux décrétales, au droit romain, aux lois « barbares », aux pénitentiels, aux capitulaires épiscopaux, etc. Peu à la patristique. (Analyse des sources par E. SECKEL « Studien zu Benedictus Levita », I-VIII, NA, 26, 29, 31, 34, 39, 40, 41. Les emprunts sont faits par l'intermédiaire de collections canoniques : *Dionysio-Hadriana, Hispana d'Autun, Vetus Gallica, Capitula de Martin de Braga* etc.).

Diffusion. Limitée (on ne connaît que deux manuscrits complets).

— *Fausses Décrétales d'Isidorus Mercator.*
Bibliographie.
H. FUHRMANN, *Einfluss...*
À propos de ce livre, voir :
Y. CONGAR, « Les Fausses Décrétales », *Revue des Sciences philosophiques et théologiques*, 59, 1975, 279-288.
P. LANDAU, ZSS KA, 61, 1975, 377-392.
G. FRANSEN, RHE, 1975, 778-788.
J. GAUDEMET, RHD, 54, 1975, 569-576.
Depuis ce livre :
J. ERICKSON, « New Pseudo-Isidore mss », BMCL, 5, 1975, 115-117.
H. MORDEK, « Codices pseudo-isidoriani », *Archiv für katolisches Kirchenrecht*, 1978, 471-478.
—, *Kirchenrecht...*, 1975, 190-196.
K. G. SCHON, *Eine Redaktion der pseudo-Isidoriani Dekretalen aus der Zeit der Fälschung*, DA, 34, 1978, 500-511.
A. CHAVASSE, « Les Lettres de Léon le Grand dans l'"Hispana" et la collection des Fausses Décrétales, RDC, 25, 1975.
J. RICHTER, ZSS KA, 64, 1978, 1-72.
Éditions. Deux éditions notoirement insuffisantes.
J. MERLIN, 1524 ; 2ᵉ éd., 1530, reproduite dans PL 130.

P. HINSCHIUS (*Decretales pseudo-isidorianae...*) n'utilise que quatorze manuscrits (pas les plus anciens).

Date. Après 847 (on y trouve des passages des Faux Capitulaires, composés après 847). — Avant 852 (ou 857), car cités par Hincmar dans un écrit de cette date.

Origine.

P. FOURNIER : Le Mans.

W. GOFFART, *The Le Mans Forgeries*, Cambridge (Mass.), 1966, province de Reims.

S. WILLIAMS : province de Reims.

H. FUHRMANN (1972-1973) ne prend pas parti ; penche pour la province de Reims (et le monastère de Corbie ?).

Plan. Trois parties.

I. Des Fausses Décrétales de Clément (88-97) à Miltiade (311-314).

II. 54 conciles, de Nicée à Séville II (619) et Tolède XIII (683) avec des interpolations ; correspond à la première partie de l'*Hispana d'Autun*.

III. Décrétales de Silvestre (314-335) à Grégoire II (715-731), en général authentiques, venant de la deuxième partie de l'*Hispana d'Autun*. On y trouve la plus riche série de Décrétales de Léon Ier.

J. RICHTER, « Stufen... ZSS KA 64, 1978, 1-72 », sur les Décrétales.

Le tout encadré par des emprunts à la *Dionysio-Hadriana* (au début : la préface ; à la fin : le synode de 721). Au total, plus de dix mille fragments.

Diffusion. Considérable. On en connaît plus de 100 manuscrits. Le seul des recueils pseudo-isidoriens qui ait connu une grande diffusion. Des 80 manuscrits recensés par S. WILLIAMS (*Codices pseudo-isidoriani*, New York, 1971), 31 sont en France, 18 en Italie. — Plusieurs versions, plus ou moins longues, en partie identiques (même origine, même date, même valeur).

B. BUT ET TENDANCES

La tendance dominante, qui se dégage des recueils et tout spécialement des faux (qui marquent l'orientation des faussaires) est une volonté de soustraire l'Église à l'emprise laïque et aux désordres qu'entraîne cette situation. Pour cela il faut restaurer la discipline et l'autorité. En premier lieu l'autorité du pontife romain, d'où les nombreux textes (nombreux faux) en faveur de cette autorité ; mais aussi celle des évêques dans leur diocèse, au besoin en luttant contre la trop grande puissance que se sont arrogée les métropolitains. Une place importante est accordée à la procédure (en reprenant au droit romain) et à la lutte contre la violence : « *Spoliatus ante omnia restituendus* ».

C. DESTINÉE DES RECUEILS PSEUDO-ISIDORIENS

H. FUHRMANN, *Einfluss...*

— *Première utilisation en Gaule*, peut-être par l'archevêque de Trèves en 852 pour établir sa qualité de primat sur la Belgique aux dépens d'Hincmar de Reims ; H. Fuhrmann et J. Devisse établissent leur utilisation par Hincmar de Reims (réticence d'Hincmar, selon J. Devisse).

— À *Rome*, apportés par l'évêque de Soissons, Rothade, en mai-juin 864, pour son appel au pape, contre l'archevêque de Reims. Nicolas Ier s'y réfère, sans les citer, en décembre 864 ou janvier 865 (PL, 119, 901). Rares utilisations par la suite, puis plus de témoignage d'utilisation depuis la fin du ixe siècle jusque vers 965. Reprise avec Silvestre II (999-1003) ; usage important avec Léon IX (1049-1054) mais reste limité.

— En *Angleterre :* probablement pas connus avant la conquête normande.

— En *Espagne :* pas de preuve de leur utilisation avant la querelle des Investitures.

Donc, beaucoup de manuscrits dès les ixe-xe siècles, mais peu d'utilisation pratique.

— Dans les *collections canoniques*, voir H. FUHRMANN (*Einfluss...*, 408-585 ; tableaux et *indices* 969-1049) complété depuis surtout par les recherches de H. MORDEK.

Anselmo dedicata : 514 textes (sur 1980), la plus généreuse dans ses emprunts.

Réginon : peu d'emprunts (13 chap. sur 909), car répond peu à son objectif.

Burchard : au moins 140 emprunts (sur 1785 textes), surtout à propos des procès des clercs.

Collection en 74 titres : 148 (sur 315), centralisme romain ; dont 90 sur la juridiction (t. V à XIV) et 25 sur l'autorité romaine.

Anselme de Lucques : 263 (sur 1149) ; c'est la collection grégorienne qui utilise le plus les Fausses Décrétales (surtout pour la procédure, mais aussi sur l'autorité romaine).

Deusdedit : 146 (sur 1220), dont 82 pour la procédure.

Ives : Décret 248 (sur 3760) ; Panormie : 137 (sur 1247).

Décret de Gratien : environ 400 (y compris les *Paleae*) sur environ 4 000 textes (313 sont des faux) ; surtout C. II et III (*accusatio, exceptio spolii* ; sur 271 canons, 143 viennent des Fausses Décrétales) ; au total, 220 canons sur la procédure, 50 sur la primauté, 50 sur l'épiscopat.

Nombreux *excerpta des Fausses Décrétales* signalés par P. FOURNIER ; H. FUHRMANN en étudie deux, qui ont eu une grande diffusion :

Une collection attribuée à tort à l'évêque Remedius de Coire (vers 888-890), Allemagne du Sud : 75 fragments.

Excerpta ex decretis romanorum pontificum de Lanfranc, archevêque de Canterbury († 1089) : une vingtaine de manuscrits connus.

D. LA DONATION DE CONSTANTIN

À rapprocher des faux isidoriens (même époque, même utilisation du faux).

Constitutum Constantini, plus connu sous le nom de « Donation de Constantin ».

Bibliographie. Importante littérature, étant donné le rôle considérable de ce faux dans les débats politico-ecclésiastiques du XIᵉ au XVᵉ siècle. Parmi les principaux travaux (où l'on trouvera les études antérieures)

H. FUHRMANN, *Einfluss...*, t. II, 334-407.

N. HUYGHEBAERT, « Une légende de fondation. Le "Constitutum Constantini" », *Le Moyen Âge*, 85, 1979, 177-209.

W. POHLKAMP, « "Privilegium Romanae ecclesiae contulit." Zur Vorgeschichte der Konstantinischen Schenkung », *Fälschungen im Mittelalter*, 2, 1988, 413-490.

D. MAFFEI, *La donazione di Costantino nei giuristi medievali* Milan, 1966.

Édition. H. FUHRMANN, *Das « Constitutum Constantini »,* MGH, *Fontes iuris germanici antiqui in usum scholarum,* 1968.

Date. Vers 754 (?), en tout cas peu avant les Fausses Décrétales, car figure au début de leur série conciliaire.

Origine. Atelier des faussaires isidoriens ou peut-être saint Denys ; rares opinions en faveur de Rome.

Utilisation d'une légende qui circulait à Rome dans les années 500, rapportée par les *Acta Silvestri* (LOENERTZ, « Acta Silvestri », RHE, 70, 1975, 426-439) ; atteint de la lèpre, Constantin est guéri miraculeusement. Après pénitence, il est baptisé et par là purifié. Suivent les passages d'une portée politico-juridique : les donations par Constantin au pape Silvestre et à ses successeurs.

Diffusion. La pseudo-donation est connue et utilisée de bonne heure par la papauté (dès 777 probablement ; en tout cas au IXᵉ siècle). Utilisation dans les débats doctrinaux. Citation de la Donation dans les collections canoniques.

Établissement du faux.

F. MENOZZI, « La critica all' autenticità della Donazione di Costantino in un manoscripto della fine del XIVᵉ secolo », *Cristianesimo nella storia,* 1980, 123-154.

D. MAFFEI, *La donazione...*

Le faux est soupçonné ou dénoncé dans les milieux impérialistes dès le début du XIᵉ siècle (Otton III, dans son édit de janvier 1000). Dans le même sens, parmi d'autres, Accurse, Odofredus, Nicolas de Cues, etc. — Démonstration du faux par L. VALLA, *De falso credita et ementita Constantini donatione Declamatio* (1440).

Édition. P. CIPROTTI, Université de Camerino, « Testi », V, n° 2, 1967.

V. COLLECTIONS
DE LA FIN DE L'ÉPOQUE CAROLINGIENNE
(seconde moitié du IXᵉ siècle - Xᵉ siècle)

L'ampleur de l'œuvre des faussaires pseudo-isidoriens, les trois livres de Faux Capitulaires ajoutés à ceux d'Anségise, la masse des textes récoltés ou fabriqués par Isidorus Mercator avaient-ils épuisé l'ardeur des canonistes ou suffisaient-ils aux besoins du clergé ? On peut en discuter. Toujours est-il qu'à cette période de grande activité canonique succède, dans les dernières années du IXe siècle et au Xe siècle, une période plus calme. La richesse de l'apport pseudo-isidorien n'est pas seule en cause. L'époque ne se prête guère à un renouveau, voire à une poursuite dans la voie tracée. L'empire carolingien va à sa ruine : les luttes internes et les invasions des Normands, des Hongrois, des Sarrasins ne sont pas favorables à la réflexion canonique. Celle-ci trouve peu d'aliments nouveaux. À Rome, une papauté, qui compte plus par le nombre des pontifes (vingt-deux de 900 à 999) que par leur rayonnement, donne peu de décrétales importantes. L'activité conciliaire s'est presque totalement arrêtée. Les temps ne sont pas favorables à de grandes réunions. Donc pas ou peu de législation novatrice. On vit sur l'acquis. Pourquoi faire des collections, qui ne pourraient introduire un droit nouveau ?

Le travail de rassemblement des textes ne s'est pourtant pas arrêté. Des collections sont compilées, certaines sans grand relief, vouées à un semi-oubli ; quelques autres au contraire qui marquent. On mentionnera quelques-unes des premières avant de s'arrêter plus longuement sur trois collections importantes, de genres très différents.

1. Des collections « mineures ».

– Deux collections très proches l'une de l'autre (Troyes, 1406 et BN lat. 2449) furent vraisemblablement compilées dans la région de Lyon vers 860. On a souligné l'importance du travail canonique mené dans cette région à la fin du IXe et au début du Xe siècle.

Bibliographie. H. MORDEK, *Kirchenrecht...*, 175-180 (avec bibliographie antérieure).

Ces collections (l'une en 22 chapitres) restent marquées par la réforme ; elles font appel aux collections carolingiennes précédentes.

– Deux collections, l'une en 342 chapitres, l'autre en

114 chapitres ont été conservées dans un manuscrit (H 137) de l'école de médecine de Montpellier.

Bibliographie. FOURNIER-LE BRAS, *Coll.* I, 311-312.

— En Germanie, plusieurs recueils canoniques furent composés vers la fin du IXe et au Xe siècle. Leur date est souvent impossible à établir. Un important *Liber canonum* en 234 chapitres (contenu dans un manuscrit composite, bibliothèque de Troyes, 1979) regroupe des textes qui furent sans doute utilisés pour les assemblées synodales.

Bibliographie. H. MORDEK, *Kirchenrecht...*, 128-130.

D'autres collections furent compilées en Germanie à cette époque.

Bibliographie. FOURNIER-LE BRAS, *Coll.* I, 271-310.

— En Italie, citons :

Collection du manuscrit de la Vallicelliana, t. XVIII, en 451 articles.

Bibliographie. P. FOURNIER, *Mélanges de droit canonique*, t. II, 1983, 215-241.

Date. Entre 912-930 (défend la validité des ordinations faites par le pape Formose).

Origine. Italie du Sud, peut-être Naples ou Bénévent.

Diffusion. Un seul manuscrit connu ; mais a « engendré » la « collection en neuf livres ».

À côté de collections anciennes (la *Concordia* de Cresconius), ce manuscrit contient des apports plus neufs, en particulier une *collection en 72 chapitres* qui emprunte beaucoup à l'*Herovalliana*, et une *collection en 40 chapitres* sur les translations et les jugements des évêques. Influence pseudo-isidorienne très sensible.

Collection en neuf livres (ms Vat. 1349).

Bibliographie. P. FOURNIER, *Mélanges...*, t. II, 242-276.

Date. Vers 920-930.

Origine. Italie du Sud.

Ample collection qui veut donner une somme du droit canonique. Elle le fait en empruntant à une littérature plus que centenaire, la *Concordia* de Cresconius, l'*Hibernensis*, la *Dacheriana*.

Diffusion. Très faible ; un seul manuscrit connu. Mais utilisée au début du XIe siècle par une collection italienne plus importante, la « collection en cinq livres ».

La collection était sévère pour les troisième et quatrième mariages, attitude isolée en Occident, mais qui rejoint la discipline grecque (c. 4 de saint Basile à Amphiloque) (influence byzantine sur le droit canonique occidental).

2. Trois collections importantes.

a. Deux collections de la fin du IXᵉ siècle
au début du Xᵉ siècle.

— *Anselmo dedicata.*
Bibliographie. J.-Cl. BESSE qui édite le livre I, RDC, 9, 1959, 207-229.
Date. Dédié à l'archevêque de Milan, Anselme (882-896).
Origine. Italie du Nord.
Ample collection en 12 livres, plan méthodique.
Diffusion. Faible en Italie ; collection connue en Germanie (utilisée par Burchard et par la « collection en 12 parties »).

— *Réginon de Prüm, Libri II de synodalibus causis.*
Bibliographie. FOURNIER-LE BRAS, *Coll.* I, 244-268.
Éditions.
— E. BALUZE (1671) reproduite PL, 132 ; texte d'une seconde recension « défigurée » par des remaniements maladroits.
F. W. H. WASSERSCHLEBEN (1840 ; réimpr. 1964).
Pas d'édition satisfaisante (voir R. POKORNY, « Admonitio generalis », ZSS KA, 71, 1985, 42-44).
Date. Vers 906.
Origine. Œuvre de l'abbé de Prüm, Réginon.
Sorte de « guide » pour les évêques dans leur inspection du diocèse lors des visites synodales. Indique la procédure à suivre.

b. Le « Liber canonum » d'Abbon de Fleury.

Bibliographie. FOURNIER-LE BRAS, *Coll.* I, 320-330.
Édition. J. MABILLON (reproduite PL, 139).
Date. Dédiée aux rois Hugues Capet et Robert, donc entre 988 et 996.

Origine. Œuvre de l'abbé de Fleury, Abbon. Clunisien, Abbon est acquis aux idées de réforme que Cluny tente de faire prévaloir depuis le début du siècle. Dans une collection, brève (52 chapitres) il met en avant son souci de l'ordre social, en rappelant aux rois leur mission ; aux sujets, y compris les grands féodaux, leur devoir d'obéissance. D'autre part, il insiste sur la défense de l'ordre monastique. Sa collection entrecoupe les citations de texte de réflexions doctrinales, orientation nouvelle pour les collections canoniques, qui aura des émules et triomphera dans le Décret de Gratien. Autre originalité : Abbon s'intéresse aux sources du droit, soulignant, à l'aide de Cicéron, la différence entre loi et coutume, et esquissant par là un traité des sources qui, lui aussi, reparaîtra dans des collections ultérieures. La culture d'Abbon éclate dans la diversité des sources utilisées : sources canoniques, bien sûr (canons conciliaires, décrétales pontificales, fragments patristiques), recours à des collections anciennes (*Dionysiana*, *Hispana*, etc.), mais aussi appel au droit séculier (Bréviaire d'Alaric, Novelles de Justinien par l'*Epitome* de Julien, capitulaires). L'absence de tout recours aux faux isidoriens laisse présumer la méfiance d'Abbon sur l'authenticité de ces collections.

Moins volumineuse que d'autres collections du xe siècle, celle d'Abbon les dépasse par ses qualités : des objectifs précis donnés à sa compilation, une réflexion personnelle, qui accompagne les textes, un esprit juridique qui hiérarchise les *auctoritates* et qui, déjà, explique par les exigences du moment les divergences dont elles témoignent.

Appendice : les pénitentiels

C. Vogel, *Les « Libri paenitentiales »*, « Typologie des sources de Moyen Âge occidental », 27, 1978.

Recueils allant de quelques feuillets à de petits traités, donnant des listes de péchés et les pénitences imposées pour chaque faute (système de la « pénitence tarifée » : jours, mois années de jeûne, mortifications, œuvres de charité diverses).

Origine. Les îles anglo-saxonnes ; gagne le continent dès le

VIIᵉ siècle. On a conservé de nombreux pénitentiels qui s'échelonnent du VIᵉ au XIIᵉ siècles.

Les pénitentiels constituent une source d'information importante (mais qui s'attache surtout aux fautes et spécialement aux fautes sexuelles) en ce qui concerne les mœurs et peut-être encore plus les mentalités de certains milieux ecclésiastiques.

Bibliographie. (travaux postérieurs au livre de C. VOGEL, *Les « Libri... »*).

A. J. FRANTZEN, *The Literature of penance in Anglo-Saxon England*, New-Brunswick, 1983.

R. KOTTJE, « Überlieferung und Rezeption der irischen Bussbücher auf den Kontinent », *Die Iren und Europa*, 1982, 511-524.

J. HÄGELE, *Das Penitentiale Vallicellianum*, « Quellen und Forschungen zum Recht im Mittelalter », 3, Sigmaringen, 1984.

L. MAHADEVAN, « Überlieferung und Verbreitung des Bussbuchs "Capitula Iudiciorum" », ZSS KA, 72, 1986, 17-75.

Fr. KERFF, « Das sogenannte "Poenitentiale Fulberti" », ZSS KA, 73, 1987, 1-40.

H. SCHWAIBOLD, « Mittelalterliche Bussbücher und sexuelle Normalität », *Ius commune*, 15, Francfort-sur-le-Main, 1988, 107-133.

M. G. MUZZARELLI, *Una componente della mentalità occidentale, I Penitenziali nel alto Medio Evo*, Bologne, 1980.

R. KOTTJE, « Eine wenig beachtete Quelle zur Sozialgeschichte : Die Frühmittelalterlichen Bussbüchern », *Vierteljahrschrift für Sozial-und Wirtschaftsgeschichte*, 73 vol., cahier 1, 1986, 63-72.

Toujours utiles, bien que vieillis et sur certains points corrigés par des études plus récentes :

F. W. H. WASSERSCHLEBEN, *Die Bussordnungen*, 1851.

J. SCHMITZ, *Die Bussbücher*, 2 vol., 1883-1898, où l'on trouvera l'édition de nombreux pénitentiels.

Nous citons ci-dessous quelques-uns de ces pénitentiels parmi les plus célèbres, en les classant par période et par origine. Ils apparaissent de bonne heure dans les îles (Irlande, Bretagne).

— Au VIᵉ siècle, le *Pénitentiel de Vinnian*, Irlandais, vers 550, avant 591.

— À la fin du VIᵉ siècle-début du VIIᵉ siècle, *Pénitentiel de Colomban* (probablement Luxeuil).

– Divers pénitentiels sont coordonnés dans le *Pénitentiel de Cumméan* (éd. *Archiv für katolischen Kirchenrecht*, t. 82, 1902. L. BIELER, *Irish Penitentials* Dublin, 1963). Ce pénitentiel (celtique, Irlande ou Écosse) date du milieu du VIIe siècle. C'est le premier pénitentiel méthodique et complet ; il sera utilisé par les Francs.

– *Pénitentiel de Théodore* (anglo-saxon) ; date de la fin du VIIe siècle-début du VIIIe siècle, PL 93 et P. W. FINSTERWALDER, *Die canones Theodori*, 1929 (édition et étude critiques).

– Au VIIIe siècle, *Pénitentiel de Bède, Pénitentiel d'Egbert*, etc.

– Au IXe siècle, des pénitentiels sont marqués par la réforme carolingienne. Ce sont : le *Pénitentiel d'Halitgaire*, évêque de Cambrai (817-830), PL, 105, 651-710, qui est peut-être aussi l'auteur du *Quadripartitus* (J. RICHTER [éd.], *Antiqua canonum collectio*, 1844) ; les trois premières parties sont de morale (textes patristiques), la quatrième partie comprend un pénitentiel et une série de canons (conciles, décrétales, Pères). *Pénitentiel du Pseudo-Théodore*, franc, 830-847 (PL 99, 901-952).

Raban Maur, évêque de Mayence, est l'auteur de deux pénitentiels vers 842 et en 853 (PL 110, 467-494 et 112, 1397-1424).

– Fin IXe-Xe siècle, *Pénitentiels « pseudo-romains »*, francs d'origine, mais qui pénètrent en Italie (voir C. VOGEL et P. FOURNIER). Par exemple, *Pénitentiel manuscrit du mont Cassin*, Cod. 372, décrit P. FOURNIER, « Études sur les pénitentiels » (1902), reproduite dans ses *Mélanges de droit canonique*, t. II, 1983, 52-58.

– *Pénitentiels espagnols* du Xe siècle (voir G. LE BRAS, « Pénitentiels espagnols », RHD, 1931). – Le Vigilanum ou Albeldense (première moitié du IXe siècle). Vient de Théodore et de Cumméan. Il ne contient pas de canons espagnols. – Pénitentiel de Silos (manuscrit de la deuxième moitié du Xe siècle) ; il reprend beaucoup au précédent, mais y ajoute des textes insulaires et des canons de l'Hispana (13 canons du concile d'Elvire). – Pénitentiel d'Arundel ; son origine espagnole est discutée ; ap. 895). – Pénitentiel de Cordoue (Anuario de historia del derecho español, 1942-1943, 5-32), manuscrit du Xe-XIe siècle, texte probablement des VIIIe-IXe siècles.

– *Pénitentiels du Xe siècle, à dominante anglo-saxonne*. Par exemple, *Pénitentiel du Pseudo-Edgar* (attribué au roi Edgar, 961-975) ; PL, 138, 499-516.

DEUXIÈME PARTIE

L'ÂGE D'OR
DE L'UNIVERSALISME
OCCIDENTAL

Au long des cinq siècles qui cheminent de l'aube du deuxième millénaire à la fin du Moyen Âge, le droit canonique connut la plus belle époque de son histoire. Ampleur du domaine sur lequel il règne, éclat de sa législation, science de ses maîtres, diversité de leurs écrits et de leurs opinions, tout concourt à son prestige.

C'est aussi pour l'Église un temps de splendeur. Les deux choses ne sont d'ailleurs pas sans action réciproque. Sous la conduite d'une papauté qui affirme son autorité, l'Église rayonne sur la « chrétienté médiévale ». Peu de secteurs de la vie sociale échappent à son intervention qui régit la famille, mais aussi la vie économique [1], l'assistance aux malheureux, l'enseignement, du village aux universités, la guerre qu'elle tente de contrôler, la paix, dont les papes se font les arbitres [2].

Cependant, il faudrait ignorer l'histoire pour croire à cinq siècles sans zones d'ombre. Atteindre les sommets n'alla pas sans peine ; s'y maintenir ne fut pas sans combats. L'apogée véritable fut brève, un siècle tout au plus (fin XIIe-fin XIIIe siècle), avec des temps d'épreuves. Les XIVe et XVe siècles n'en font plus partie.

Cet arrière-plan historique ne saurait être ignoré de l'historien des sources. Il explique pour partie, et parfois totalement, ses diverses facettes. Une brève introduction en rappellera les moments essentiels.

Il sera alors possible d'évoquer la création du droit (chap. III). Puis nous suivrons, du XIe au XVIe siècle, l'histoire des collections, et celle des doctrines (chap. IV).

---

1. J. GILCHRIST, *The Church and Economic Activity in the Middle Age*, Londres, 1969.

2. J. GAUDEMET, *Le Rôle de la papauté dans le règlement des conflits entre États aux XIIIe et XIVe siècles*, Recuil de la société J. Bodin, XV, « La Paix », Bruxelles, 1961, 79-106 (La Société ecclésiastique dans l'Occident médiéval, Variorum, Londres, 1980) ; T. HOLZAPFEL, *Papst Innozenz III, Philipp II August und die englische Welfische Verbindung, 1189-1216*, 1991.

INTRODUCTION

LE CADRE HISTORIQUE

Bibliographie.

H. JEDIN (éd.), *Handbuch der Kirchengeschichte*, t. III, *Die mittelalterlische Kirche*, 2 vol., 1966-1968 (traduction italienne sous le titre : *Storia della Chiesa*, t. IV : *Il primo medioevo (VIIIᵉ-XIIᵉ s.)* ; t. V, 1 : *Civitas medievale (XIIᵉ-XIVᵉ s.)* ; t. V, 2 : *Tra Medioevo e Rinascimento (XIVᵉ-XVIᵉ s.)*.

La Cristianità dei secoli XI et XII in Occidente, Sett. di studio ; Mendola, 1980 ; Milan, 1983.

Chiesa, diritto e ordinamento della « societas christiana » nei secoli XI e XII, ibid. ; Mendola, 1983 ; Milan, 1986.

G. TELLENBACH, « Die westlische Kirche von 10. bis zum frühen 12. Jahrhundert », *Die Kirche in ihrer Geschichte*, t. II, 1, Göttingen, 1988.

B. SZABO-BECHSTEIN, *Libertas Ecclesiae*, « Studi Gregoriani », 12, Rome, 1985.

−, *Libertas Ecclesiae vom 12. bis zum Mittel des 13. Jahrhunderts*, « Die abendländsische Freiheit vom 10. zum 11. Jahrhundert », Sigmaringen, 1991, 147-176.

On consultera toujours les volumes déjà anciens de *L'Histoire de l'Église* (publiée sous la direction de A. FLICHE et V. MARTIN, puis de J. B. DUROSELLE et E. JARRY), t. VIII à XV, qui concernent la période 1057-1517.

Du rêve carolingien bien peu subsistait aux alentours de l'an mil ; des souvenirs et des ambitions, peut-être. Mais partout l'emprise laïque affaiblit l'Église, compromet sa fortune, menace sa dignité. Dans les monastères, refuges mieux protégés, on parle à nouveau de « réforme ». Comment la réussir quand la tête est atteinte ?

1. Du milieu du IXᵉ à la fin du Xᵉ siècle, la papauté que détiennent, dans un quasi-monopole, des Romains [3], connaît des jours sans gloire, souvent médiocres, parfois affligeants [4]. La restauration de la papauté s'esquisse au milieu du XIᵉ siècle, avec le pontificat de l'Alsacien d'Egisheim-Dabo, Léon IX [5]. La « réforme grégorienne [6] » ébauchée dès avant Grégoire VII [7] (1073-1085), se poursuit avec ses successeurs [8]. Déjà le décret de 1059, en confiant le choix du pontife romain aux seuls cardinaux, soustrayait « la tête » aux appétits laïques.

À deux reprises (1076 et 1080) Grégoire VII frappe Henri IV de la double peine de l'excommunication et de la déposition. Ses légats, avec une vigueur que le pape parfois réprouve, mènent à travers l'Europe le combat pour la réforme, tandis que les canonistes accumulent les textes qui appuient cette politique, affirmant très haut la primauté romaine [9].

Les *Dictatus papae*, dans leurs formules abruptes, explicitent

---

3. L'Auvergnat Gerbert — rare exception à ce monopole — ne fut le pape Silvestre II (par la volonté d'Otton III) que du 2 avril 999 au 12 mai 1003. Sur ces quatre années, il vécut pendant plus d'un an hors de Rome qu'il a fui avec Otton III (février 1001-avril 1002) ; P. RICHÉ, *Gerbert d'Aurillac, le pape de l'an mil*, Paris, 1987.

4. K. J. HERMANN, *Das Tuskulanerpapsttum (1012-1046)* « Päpste und Papsttum », 4, 1973.

5. F. PETRUCCI, *Ecclesiologia e politica di Leone IX*, Rome, 1977.

6. Mise en question du vocabulaire et de la réalité historique par O. CAPITANI, « Esiste un "età gregoriana" ? », *Rivista di science e literatura religiosa*, 1, 1965, 454-481.

7. Voir T. SCHMIDT, *Alexander II (1061-1073) und die römische Reformgruppe seiner Zeit*, « Päpste und Papsttum », 11, 1977. - Pour Grégoire VII, voir les communications présentées au Congrès international de Salerne en 1985 publiées sous le titre : *La riforma gregoriana e l'Europa*, « Studi gregoriani », 13, Rome, 1989.

8. C. SERVATIUS, *Paschalis II (1099-1118)*, « Päpste und Papsttum », 14, 1980.

9. Dans un livre au titre provocant, Harold J. BERMAN (*Law and Revolution. The Formation of the Western Legal Tradition*, Cambridge [Mass.], 1983) attribue à Grégoire VII une « révolution » qui, par l'affirmation de « la plénitude du pouvoir » pontifical, fonde l'État moderne (discussion dans les communications présentées sous le titre *Nuovi Moti per la formazione del diritto*, Padoue, 1989, Pubblicazione del Istituto di diritto pubblico, Université de Rome).

le contenu de la « plénitude du pouvoir » : *Quod solus papa...* [10]. Restauration de la discipline, lutte contre la violence et l'immoralité, condamnation de l'inverstiture laïque [11] et de l'« église privée » rendent peu à peu à l'Église indépendance et dignité [12].
2. Avec le pontificat d'Innocent II (1130-1143) s'ouvre un *temps d'apogée*, qui ne dépassera guère le milieu du XIIIᵉ siècle (mort d'Innocent IV en 1254 [13]). De grands noms illustrent le Siège romain (Eugène III, Alexandre III, Innocent III, Grégoire IX, Innocent IV).

Autre signe de la vitalité de l'Église : *les assemblées conciliaires. Bibliographie* considérable. En dehors des collections

---

10. Vingt-sept formules qui proclament sans nuance les droits du pontife romain dans l'Église et dans le monde. On les lit dans le Régistre de Grégoire VII, entre une lettre du 3 mars 1095 et une autre du 4 mars de la même année (MGH, *Epist.*, II ¹, 201). L'origine, la portée du document ont suscité de nombreuses hypothèses (voir K. HOFMANN, *Die « Dictatus papae » Gregors VII*, « Görresgesellschaft », 69, H, Paderborn, 1973).

11. On retrouve le secours apporté par les faux aux thèses en présence. Les légistes de l'empereur invoquent quatre privilèges attribués à Hadrien Iᵉʳ (772-795) et à Léon VIII (963-965) qui « établissent » les droits de l'empereur en divers domaines ecclésiastiques et, en particulier ceux de choisir le pape et de donner l'investiture aux évêques. Ces faux furent composés sans doute à la fin du XIᵉ siècle, dans le cercle des juristes impériaux de Ravenne (Cl. MÄRTL, *Die falschen Investiturprivilegien*, MGH, *Fontes iuris antiqui in usum scholarum*, 1986 ; « Die kanonistische Überlieferung der falschen Investiturprivilegien », BMCL, 17, 1987, 33-43 et H.W. GÖTZ, « Fälschungen und Verfälschungen der Vergangenheit, Zur Geschichtsbild der Streitschriften des Investiturstreits », *Fälschungen in Mittelalter*, 1, 1988, 165-188).

12. Cette vue générale, qu'impose le sommaire de cette introduction, devrait être nuancée en tenant compte des diversités locales. La thèse de Mme E. MAGNOU-NORTIER (« La société laïque et l'Église dans la province ecclésiastique de Narbonne de la fin du VIIIᵉ à la fin du XIᵉ siècle », Toulouse, 1974) l'a montré pour le midi de la France, qui n'avait pas connu une appropriation de l'Église par les laïcs comparable à celle d'autres régions. Selon cet auteur, « l'utopie grégorienne » y aura des effets fâcheux (affaiblissement de l'esprit de corps dans l'épiscopat, déclin des abbayes), conduisant « à la dérive » l'Église du Midi, « ébranlée dans son âme ». – Pour l'Angleterre, N. F. CANTOR, *Church, Kingship and lay Investiture in England, 1089-1135*, Princeton, 1958. Pour l'Italie, l'Espagne, la Germanie et les pays nordiques, voir les contributions de A. GARCIA Y GARCIA, G. FORNASARI, N. CILENTO, H. E. J. COWDREY, H. ZIMMERMANN, dans les « Studi Gregoriani », 13, 1989.

13. C. MORRIS, *The Papal Monarchy. The Western Church from 1050 to 1250*, Oxford, 1989.

classiques de J. B. Mansi et de K. Hefele - H. Leclercq, voir

Pour les conciles œcuméniques.

G. Alberigo (éd.), *Storia dei Concili ecumenici*, Brescia, 1990 (trad. fse, *Histoire des conciles œcuméniques*, Éd. du Cerf, 1994).

Dans l'*Histoire des conciles œcuméniques*, R. Foreville, t. VI, *Latran I, II, III, IV*, Paris, 1965 ; H. Walter et H. Holstein, t. VII, *Lyon I et II*, Paris 1966.

Pour les conciles particuliers (mis à part les synodes diocésains), la littérature est considérable. On citera à titre d'exemple

S. C. Bonicelli, *I concili particolari da Graziano al concilio di Trenta*, Brescia, 1971.

U. R. Blumenthal, *The Early Councils of Pope Pascal II (1100-1110)*, Toronto, 1978.

J. Avril, *Les Conciles de la province de Tours (XIIIe-XVIe siècle)*, Paris, 1987.

L. Boisset, *Un concile provincial au XIIIe siècle, Vienne 1289*, Paris, 1979.

F. Magnou-Nortier, « La Place du concile du Puy (v. 994) dans l'évolution de l'idée de paix », *Mélanges Dauvillier*, Toulouse, 1979, 489-506.

Pour l'Angleterre, *Councils and Synods*, 2 vol., Oxford, 1981.

Six conciles « œcuméniques » (en fait ne réunissant que des Occidentaux, car depuis 1054 la rupture avec Constantinople est consommée) : quatre au Latran (1123, 1139, 1179 [14], 1215 [15]) et deux à Lyon (1245, 1274) l'un dans lequel Innocent IV excommunie et dépose Frédéric II, l'autre qui, pour peu de temps, rétablit l'union avec les Grecs [16].

---

14. *Le IIIe Concile de Latran*, table ronde CNRS, 1980, « Études augustiniennes », 1982 ; V. Pfaff, « Die Rechtssätze des 3. Laterankonzils von 1179 zu Wirtschaftsfragen », ZSS KA, 70, 1984, 45-66.

15. A. Garcia y Garcia, *Constitutiones concilii quarti Lateranensis una cum commentariis glossatorum*, « Monumenta iuris canonici », Series A, vol. 2, Vatican, 1981.

16. *1274, Année charnière*, colloque Lyon-Paris, 1974 ; Paris, 1978.

Dans toute l'Europe ont lieu des conciles en grand nombre [17]. L'importance des effectifs, la région couverte par le concile, le poids de ses décisions, la place faite à la discipline ou au dogme, à la législation ou au jugement des fautes donnent à chaque réunion ses caractères propres. On dira plus loin l'importance de la législation [18]. Notons ici la part que ces conciles prirent à l'œuvre réformatrice dans la seconde moitié du XIIᵉ siècle et le souci qu'ils ne cessèrent de manifester pour la discipline. La fréquence avec laquelle par la suite des légats pontificaux assurent la réunion des conciles et souvent les président, les présidences assurées par les pontifes romains eux-mêmes [19] témoignent des liens étroits entre les conciles français des XIIᵉ-XIIIᵉ siècles et le Siège de Pierre.

C'est aussi l'époque où commence l'*aventure des Croisades* [20]. L'idée apparaît dès les débuts du XIᵉ siècle. Elle ne prend corps qu'avec Urbain II (1088-1099). Ce moine bénédictin, remarqué par Grégoire VII, qui le fit venir à Rome, fut aussi le premier à ériger la Trêve de Dieu en loi pour l'Église.

D'autres signes attestent le renouveau de la spiritualité chrétienne ; mouvement essentiel [21], mais étranger à notre propos. Il suffit de citer les noms de Cluny, Gorze, Bruno et la Chartreuse, ou Pierre Damien (que nous retrouverons plus loin [22]).

---

17. En France, de 1074 à 1215, quelque 140 conciles. Sur les conciles de Grégoire VII, R. SOMMERVILLE, *The Councils of Gregory VII*, coll. « Studi Gregoriani », 13, 1989, 33-53 ; *The Councils of Urban II*, Amsterdam, 1972.

18. Voir p. 65-72.

19. Cinq fois au moins en quarante ans (1107-1147) : 1107 Pascal II à Troyes ; 1119, Gélase II à Vienne et Callixte II à Toulouse ; 1130, Innocent II à Clermont ; 1147, Eugène III à Paris.

20. Outre le livre classique de P. ALPHANDÉRY et A. DUPRONT, *La Chrétienté et l'Idée de croisade*, on citera, parmi bien d'autres travaux, P. TOUSSET, *Histoire d'une idéologie : la Croisade*, Lausanne, 1983 ; H. F. J. COWDREY, *Popes, Monks and Crusaders*, 1984 ; J. VAN LAARHOVEN, « Chrétienté et croisade », *Cristianesimo nella storia*, 5, 1984, 27-43 ; J. A. BRUNDAGE, « St. Anselm, Ivo of Chartres and the Ideology of the First Crusade », *Les Mutations socioculturelles au tournant des XIᵉ-XIIᵉ siècles*, « Études anselmiennes », 1982 ; Paris, 1984, 175-187. On trouvera des textes dans J. RICHARD, *L'Esprit de la croisade*, Paris, 1969.

21. L. ORABONA, *La Chiesa dell'anno mille*, Rome, 1988.

22. Voir p. 85.

Plus importante pour notre objet, la *renaissance intellectuelle* du XIIᵉ siècle [23], dont les canonistes tireront profit.

Deux apports essentiels pour les juristes. Tout d'abord, la transmission en grande partie grâce à l'Espagne arabe, de l'œuvre d'Aristote, et surtout de sa logique, qui enseigne aux « dialecticiens » et aux hommes de droit l'art de penser, de construire, de raisonner ; et d'autre part, dans des conditions qui restent mystérieuses, la « découverte » du Digeste de Justinien, apportant un droit « savant » lentement mûri par les jurisconsultes romains, dont les canonistes ne seront pas les derniers à faire leur profit.

Cette renaissance intellectuelle, dès la fin du XIIᵉ siècle, transforme les écoles cathédrales de l'âge carolingien en des *universités*, où se rencontrent maîtres et étudiants, clercs le plus souvent les uns et les autres [24].

Au milieu du XIIᵉ siècle, deux œuvres contemporaines, le Décret de Gratien et les Sentences de l'évêque de Paris, Pierre Lombard, deviennent les maîtres livres. Expliquées, glosées, commentées, elles sont le point de départ des deux disciplines reines dans les universités médiévales (à côté du droit romain) : la théologie et le droit canonique. On verra plus loin l'importance de cette révolution du savoir et de l'enseignement sur la science canonique. Nées à Paris et à Bologne, les universités ne cesseront, pendant trois siècles, de se multiplier dans toute l'Europe. Elles répondent à des exigences évidentes. L'enseignement des « deux droits » assure la formation des juges, des administrateurs, des conseillers des princes, dans des États qui s'affirment et doivent s'organiser. Bien vite aussi des

---

23. Titre du livre classique de G. PARÉ, A. BRUNET, P. TREMBLAY, Paris-Ottawa, 1933.

24. L'histoire des universités a suscité une très abondante littérature. Une *Bibliographie internationale de l'histoire des universités* est publiée sous les auspices de la Commission internationale pour l'histoire des universités (depuis 1976), à Genève. Une *Bibliographie de l'histoire des universités françaises des origines à la Révolution* a été publiée par Mme S. GUÉNÉE, 3 vol., Paris, 1978. Parmi les ouvrages de portée générale, voir S. D'IRSAY, *Histoire des universités françaises et étrangères*, 2 vol., Paris, 1933-1935 ; J. VERGER (éd.), *Histoire des universités en France*, Toulouse, 1986 ; P. RICHÉ, *Écoles et enseignement dans le haut Moyen Âge*, Paris, 1989 ; « La scuola nell'Occidente latino nel alto medio evo », *Sett. Spoleto*, 19, 1971 (éd. 1972).

intérêts économiques et des rivalités de voisinage contribueront à la création de nouvelles universités.

3. Le conflit qui, au tournant du XIIIe siècle, oppose Boniface VIII à Philippe le Bel[25] annonce des heures sombres pour l'Église dans un monde qui passe de l'âge médiéval aux temps modernes[26].

Conflit d'un genre nouveau : l'éclat des excommunications et des dépositions, les prétentions rivales de deux universalismes − celui de l'Église et celui de l'Empire −, font place à des oppositions doctrinales, non moins dangereuses ; légistes contre curialistes, indépendance de l'État peu propice à une « collaboration des pouvoirs » dans une « chrétienté unie », respect de l'Église, mais souveraineté (le mot apparaîtra bientôt) des princes.

L'abandon de Rome par la papauté pendant soixante-dix ans, le schisme d'Occident, la crise conciliaire affaiblissent l'Église. La crise qui la secoue a des répercussions jusque dans l'expression de son droit.

Depuis longtemps, par son immense fortune, l'Église assurait ses besoins matériels − ceux des clercs comme ceux des bâtiments −, mais aussi ceux du culte, de l'assistance, de l'enseignement. Des terres, dont ils percevaient les revenus, désignées du vieux mot carolingien de *beneficium*, étaient attribuées aux clercs pour leur permettre d'exercer leur *officium* (fonction). Peu à peu, office et bénéfice furent dissociés. Les laïcs prirent goût aux seconds. Le « régime bénéficial » atteint au XIVe siècle une rare complexité. La chasse aux bénéfices devient un jeu, fructueux pour certains, mais dangereux pour l'Église. Ce régime prit dans la société ecclésiastique une importance démesurée. La correspondance des papes d'Avignon, les canons conciliaires, les œuvres doctrinales témoignent de la place prise au XIVe siècle par « la question bénéficiale » dans la doctrine juridique, la législation et les conflits personnels. La polémique s'en empara. Les abus indéniables auxquels donna

---

25. E. DIGARD, *Philippe le Bel et le Saint-Siège de 1285 à 1304*, Paris, 1936.

26. G. DE LAGARDE, *La Naissance de l'esprit laïque au déclin du Moyen Âge* (nlle éd., 6 vol., 1956-1970) ; J. GAUDEMET, « La contribution des romanistes et des canonistes médiévaux à la théorie de l'État moderne », *Diritto e Potere nella storia europea, Studi... Paradisi*, Florence, 1988, 1-36 (*Église et société au Moyen Âge*, Variorum, 1984).

lieu l'attribution des bénéfices contribuèrent pour une part non négligeable à la crise de l'Église.

Les quelque soixante-dix années (1309-1376) de résidence avignonnaise, vite assimilées à une « seconde captivité de Babylone » ne servirent pas le prestige de la papauté [27]. Que sept papes français se soient alors succédé à la tête de l'Église fut sévèrement jugé. Les mérites des hommes ne sont pas en question. Seule importe l'image qu'en eurent les contemporains. De lourds besoins d'argent pour une papauté qui aime l'art et le faste aggravent les abus du régime bénéficial. Les regrets, les critiques, les rappels à l'attache romaine ne manquent pas, de Brigitte de Suède à Catherine Bonincasa ou aux sonnets de Pétrarque [28].

À peine revenue à Rome (1376), la papauté connaît le schisme [29], papes de Rome [30] et papes d'Avignon [31]. C'est alors « l'appel au concile », ultime recours, souvent mis en avant par les publicistes depuis Philippe le Bel. Grégoire XII et Benoît XIII sont déposés par le concile de Pise (5 juin 1409), qui élit un troisième pape, Alexandre V (7 juillet 1409). Mais les deux victimes refusent d'abandonner leur siège. De bicéphale, le « Grand Schisme » devient tricéphale !

Le concile de Constance tente d'y mettre fin par de nouvelles dépositions : celle de Jean XXIII en mai 1415 − qui avait succédé à l'élu de Pise, Alexandre V, mort dès 1410 −, et celle de Benoît XIII (en juillet 1417), déjà déposé à Pise, mais qui garde sa tiare avignonnaise jusqu'à sa mort en 1423. Clément VIII lui succédera à Avignon (1423-1429), puis Benoît XIV (1425-1430). Grégoire XII avait négocié son abdication (juillet 1415).

Plus que ces dispositions mal acceptées et mal respectées, c'est l'élection en 1417 d'un nouveau pape, Martin V, qui

---

27. G. Mollat, *Les Papes d'Avignon*, Paris, 16ᵉ éd. 1966 ; B. Guillemin, *La Cour pontificale d'Avignon (1309-1378)*, Bibliothèque de l'École française d'Athènes et de Rome, fasc. 201, 1962.

28. Nous ne disons rien des jugements souvent sévères portés par les historiens modernes sur cette « papauté d'Avignon ».

29. F. Delaruelle, E. R. Labande, P. Ourliac, *L'Église au temps du Grand Schisme et de la Crise conciliaire*, dans A. Fliche et V. Martin (éd.), *Histoire de l'Église*, t. XIV, 1962.

30. Urbain VI, puis Boniface IX, Innocent VII, Grégoire XII (1378-1415).

31. Clément VII, puis Benoît XIII (1378-1423).

permettra de rétablir l'ordre à la tête de l'Église. Pour y parvenir, il avait fallu recourir au concile. Trop de cardinaux étaient contestés pour que l'on puisse confier au conclave cardinalice seul l'élection qui devait rétablir l'unité et préparer une réforme plus que jamais urgente. Reprenant une suggestion de Pierre d'Ailly, ce fut un conclave composé pour moitié de cardinaux et pour l'autre moitié d'élus des « nations » au concile [32], qui élit Martin V.

L'appel au concile pour résoudre l'imbroglio d'une papauté tricéphale ne pouvait que servir les thèses conciliaires. Depuis le début du XIVe siècle, celles-ci n'avaient cessé de se fortifier. Le débat sur la supériorité du concile sur le pape domine la doctrine tout au long du XVe siècle [33]. Il commande la réforme de l'Église, dont chacun reconnaît l'urgence, mais dont les moyens et les fins restent discutés.

Si l'on ajoute à cela les débats dogmatiques et leurs prolongements politiques et sociaux [34], en France la naissance du gallicanisme, qui sur certains points met en question l'autorité romaine [35], on mesure dans quelles fâcheuses conditions l'Église aborde au XVIe siècle la crise de la Réforme.

---

32. Vingt-trois cardinaux, venus des trois obédiences et six délégués pour chacune des quatre nations (Allemagne, Angleterre, France et Italie).

33. G. ALBERIGO, *Chiesa conciliare*, Brescia, 1981 ; A. VAGEDES, *Das Konzil über dem Papst ? Die Stellungnehmen des Nicolaus von Kues und des Panormitanus zur Streit zwischen Konzil von Basel und Eugen IV*, 2 vol., Paderborn, 1981.

34. Wyclif en Angleterre (mort en 1386 et dont les restes furent brûlés en 1428) ; Jan Hus, à Prague, condamné pour hérésie et brûlé vif le 6 juillet 1415.

35. Soustraction d'obédience en 1398 ; Pragmatique Sanction de Bourges en 1438 ; voir V. MARTIN, *Les Origines du gallicanisme*, 2 vol., Paris, 1939.

CHAPITRE III

LA CRÉATION DU DROIT

Bibliographie.
G. Le Bras, Ch. Lefebvre, J. Rambaud, « L'âge classique 1140-1378. Sources et théorie du droit », dans HDIEO, t. VII, Paris, 1965.
P. Ourliac et H. Gilles, « La Période post-classique, 1378-1500. Les sources », *Ibid.*, t. XIII, Paris, 1972.

L'autorité de l'Église, la nécessaire mise en ordre du statut de ses clercs et de son organisation interne, le contrôle qu'elle exerce sur la vie sociale sollicitent de toute part l'intervention du droit.

Les organes existent pour répondre à cette exigence. Ils relèvent des deux instances qui, à travers les siècles, assurent la vie terrestre de l'Église, la hiérarchie et la collégialité. Papauté et épiscopat, conciles et synodes furent, pendant « l'âge classique », d'actifs législateurs.

On envisagera successivement les législations pontificale, conciliaire, synodale.

SECTION I. LA LÉGISLATION PONTIFICALE

On ne cherchera pas ici l'exposé théorique des conditions dans lesquelles fut élaborée la législation pontificale[1]. Rappelons seulement quelques données essentielles.

---

1. H. Vidal, *Le Pape législateur de Grégoire VII à Grégoire IX, Renaissance du pouvoir législatif*, Montpellier, 1988, 261-275.

– La toute-puissance pontificale fait de l'évêque de Rome le maître du droit. Un adage médiéval célèbre affirme qu'il « a le droit dans sa poitrine *(ius habet in pectore suo)*.

– À lui de formuler la loi et de veiller sur son observation. Souverain législateur, il est aussi juge suprême. Ses rescrits, en réponse aux questions qui lui sont posées ou aux litiges qu'il doit résoudre, sont sources créatrices de droit[2].

– Dire le droit *(iuris dictio)* s'exprime par la législation, la juridiction et le gouvernement. Les lettres pontificales sont aussi bien actes administratifs qu'expression de la règle.

– Souverain pontife, le pape légifère pour toute l'Église. Mais la *sollicitudo omnium ecclesiarum* qui lui incombe le conduit également à prendre des mesures concernant un cas, une personne, un lieu particulier. La législation pontificale peut donc être générale ou particulière.

– Tenue au respect de la loi divine[3], cette législation ne peut faire l'objet d'aucun recours devant une instance ecclésiastique ou séculière.

Bibliographie.

I. La chancellerie pontificale et les registres

R. ELZE, « Die Päpstliche Kapelle im 12. und 13. Jahrhundert », ZSS KA, 38, 1950, 145-204.

P. HERDE, *Beiträge zum päpstlichen Kanzlei und Urkundenwesen im 13. Jahrhundert*, « Münchener historische Studien », 1961, 2e éd. 1967.

T. FORENZ, *Papsturkunden des Mittelalters und der Neuzeit*, Stuttgart, 1986.

M. GIUSTI, *Studi sui registri di bolle papali*, « Collectanea archivi Vaticani », 1968.

---

2. F. PITZ (*Papstreskripte im frühen Mittelalter*, Sigmaringen, 1990) montre qu'au xiiie siècle le procès peut être un procédé de création du droit. H. DONDORP, « Review of Papal Rescripts in the Canonist's Teaching », ZSS KA, 76, 1990, 171-253 ; 77, 1991, 32-110.

3. Sur les limites à la toute-puissance pontificale en matière législative, voir l'important *dictum* dans le Décret de Gratien, C. 25, q. 1 *post.* c. 16 et sur ce texte P. LANDAU, « Quellen und Bedeutung des Gratianischen Dekret », SDHI, 52, 1986, 230-231.

O. Hageneder, « Papstregister und Dekretalenrecht », *Recht und Schrift im Mittelalter*, Sigmaringen, 1977, 319-345.

U. R. Blumenthal, « Papal Registers in the twelfth Century », *Proc. VIIth. Cong. MCL*, Cambridge, 1984, Vatican, 1988, 135-151.

Fr. Kempf, *Die Register Innozenz III*, Rome, 1945.

—, *Regestum Innocentii III super negotio imperii romani*, Rome, 1947.

W. Holzmann, *Regestum Innocentii III super negotio imperii romani*, Bonn, 1947-1948.

P. Presutti, *Regesta Honorii III*, 2 vol., Rome, 1888-1892.

M. H. Laurent, Regesta Innocentii *V, Beatus Innocentius V*, Rome, 1943, 413-485.

Édition des bénédictins, *Regestum Clementis Papae V*, 7 vol., Rome, 1885-1888.

O. Hageneder et A. Haidacher, *Die Register Innocenz III*, t. I, 1198-1199, Rome, 1964 ; t. II, 1199-1200, Graz, 1983.

H. Diener, « Die grossen Registerserien in Vatikan Archiv », *Forschungen aus Italienischen Archiv und Bibliotheken*, 51, 1971.

Ph. Jaffé, *Regesta Pontificum Romanorum ab condita Ecclesia ad annum 1198*, 1re éd. Berlin, 1851 ; 2e éd. G. Wattenbach, S. Loewenfeld, F. Kaltenbrunner, P. Ewald, 2 vol., Berlin, 1885-1888, réimpr. Graz, 1956. — Ne donne qu'un sommaire des lettres, complété par

J. von Pflugk-Hartung, *Acta Pontificum Romanorum inedita ab annum 97 ad annum 1198*, 3 vol., Tübingen-Stuttgart, 1881-1886 ; réimpr. 3 vol., Graz, 1958. — Les actes, publiés intégralement, concernent surtout l'Italie.

Pour l'époque ultérieure.

A. Potthast, *Regesta Pontificum Romanorum (1198-1304)*, 2 vol., Berlin, 1874-1875 (brève analyse en latin du texte).

Le Jaffé et le Potthast restent fondamentaux, mais sont incomplets et parfois sujets à correction.

II. Bullaire

On entend par ce terme des recueils de lettres (et non pas seulement de « bulles »). L'histoire de la confection des bullaires commence au XVIᵉ siècle (*Bullaire de Cherubini*, Rome, 1586). Elle est compliquée et aucun des bullaires ne présente une grande valeur scientifique. On citera seulement le *Magnum bullarium romanum*, 32 vol., publié entre 1739 et 1762. — Une nouvelle édition fut donnée à Turin par A. TOMASETTI et F. GAUDE, *Bullarium Taurinense*, 24 vol., 1857-1872.

III. Actes de divers papes

— Dans PL.

Silvestre II (999-1003), PL 139.
Jean XVIII (1003-1009), PL 139.
Serge IV (1009-1012), PL 139.
Benoît VII (1012-1024), PL 139.
Grégoire VI (1045-1046), PL 142.
Victor III (1086-1087), PL 149.
Urbain II (1088-1098), PL 151.
Pascal II (1099-1118), PL 163.
Gélase II (1118-1119), PL 163.
Calixte II (1119-1124), PL 163.
Honorius II (1124-1130), PL 166.
Innocent II (1130-1143), PL 179.
Célestin II (1143-1144), PL 179.
Lucius II (1144-1145), PL 179.
Eugène III (1145-1153), PL 180.
Alexandre III (1159-1181), PL 200.
Urbain III (1185-1187), PL 202.
Grégoire VIII (1187), PL 202.
Clément III (1187-1191), PL 204.
Célestin III (1191-1198), PL 206.
Innocent III (1198-1216), PL 214-217.

— Dans MGH, *Epist.*

T. I, Honorius III (1216-1227) ; Grégoire IX (1227-1241).
T. II, Innocent IV (1243-1254).
T. III, Innocent IV, Alexandre IV, Urbain IV, Clément IV (1243 à 1268).

— Dans la bibliothèque des écoles françaises d'Athènes et de Rome, importante publication d'actes pontificaux des XIIIᵉ et XIVᵉ siècles.

1. XIIIe siècle.

Registres de Grégoire IX (1227-1241), 4 vol.
Innocent IV (1243-1254), 4 vol.
Alexandre IV (1254-1261), 3 vol.
Urbain IV (1261-1264), 4 vol.
Clément IV (1265-1268), 1 vol.
Grégoire X et Jean XXI (1270-1277), 1 vol.
Nicolas III (1277-1280), 2 vol.
Martin IV (1281-1285), 1 vol.
Honorius IV (1285-1287), 1 vol.
Nicolas IV (1288-1292), 1 vol.
Boniface VIII (1294-1303), 4 vol.
Benoît XI (1303-1304), 1 vol.
Tables des régistres de Clément V, publiés par les bénédictins (7 vol., Rome, 1885-1888) établies par Y. LANHERS et C. VOGEL, 2 fasc.

2. XIVe siècle.

Jean XXII, Lettres communes (1316-1334), 16 vol. ; Lettres secrètes et curiales relatives à la France, 10 fasc. publiés, 1972.
Benoît XII (1334-1342), Lettres communes, 3 vol. ; Lettres closes, patentes et curiales se rapportant à la France, 1 vol. ; Lettres closes et patentes intéressant d'autres pays, 2 vol.
Clément VI (1342-1352), Lettres se rapportant à la France, 6 fasc. publiés, 1961 ; Lettres intéressant les pays autres que la France, 3 fasc.
Innocent VI (1352-1362), Lettres secrètes et curiales, 5 fasc. publiés, 1976.
Urbain V (1362-1370), Lettres secrètes et curiales se rapportant à la France, 1 vol. ; Lettres communes, 12 vol.
Grégoire XI (1370-1378), Lettres secrètes et curiales relatives à la France, 1 vol. ; Lettres secrètes et curiales intéressant les pays autres que la France, 3 fasc. publiés, 1965.
Lettres communes, t. II, 1992.

– Les actes de certains pontifes ont fait l'objet d'éditions critiques indépendantes des collections citées ci-dessus.
Les *Registres de Grégoire VII* ont été publiés par E. CASPAR, dans les MGH *Epist.*, 2 vol., Berlin, 1920-1923. À compléter par

H. E. J. COWDREY, *The epistolae Vagantes of Pope Gregory VII*, Oxford, 1972.

On consultera également : L. SANTIFALLER, *Quellen und Forschungen zum Urkunden- und Kanzleiwesen Papsts Gregor VII*, « Studi e Testi », 190, Cité du Vatican, 1957.

Le *Bullaire du pape Callixte II* (1119-1124) a été publié par U. ROBERT, Paris, 1890-1891.

— Des collections de textes pontificaux ont été faites pour certains pays. Elles ne sont en général pas achevées. Parmi elles on signalera

Documents relatifs aux anciens diocèses de Cambrai, Liège, Thérouanne et Tournai, « Analecta Vaticana Belgica », 1906-1934, 10 vol. (de Clément V, 1305, à Urbain V, † en 1362).

Dans les *Abhandlungen der Akademie der Wissenschaft in Göttingen* (Phil.-Hist. Kl.) nombreuses publications.

L'Angleterre.

W. HOLZMANN, *Papsturkunde in England*, 2 vol., 1900-1935 ; rééd. 1970. Et depuis

C. R. et M. CHENEY, *The Letters of Pope Innocent III concerning England and Wales*, Oxford, 1967.

L'Espagne.

P. KEHR, *Papsturkunde in Spanien*, 2 vol., 1916-1938.

La France.

Deux séries de *Papsturkunden in Frankreich* :

Première série : W. WIEDERHOLD (éd.), concernant diverses provinces (1007-1913). — Nlle éd. L. DUVAL-ARNOULD, *Papsturkunde in Frankreich, Reisebericht*, 2 vol., Bibliothèque apostolique, 1985.

Seconde série : H. MEINERT et J. RAMACKERS (éd.), 8 vol., 1913-1988 (en cours).

Les Pays-Bas. J. RAMACKERS, un vol. dans la 3ᵉ série, 9, 1934, comportant des actes de Clément II (1046) à Célestin III (1191-1198).

Le Portugal. C. ERDMANN, un vol. dans la nouvelle série 20, 1927, comportant des actes de Pascal II (1099) à Célestin III (1191-1198).

La *Germania Pontificia* (1910 s.) publie des documents concernant certaines provinces de l'Empire (provinces de Salzbourg et de Mayence) : publication encore très partielle.

Également une *Helvetia Pontificia* (Berlin, 1977) actes de Léon Ier (440-461) à Célestin III (1191-1198).

L'Italie.

P. KEHR a dirigé la publication d'une *Italia Pontificia*, « Regesta Pontificum Romanorum », 1907-1935 ; 2e éd. 1961 (t. I à VIII) ; réimpr. 1977 (bibliothèque Vaticane). À compléter par

W. HOLZMANN, *Kanonistische Ergänzungen zur Italia Pontificia*, Tübingen, 1959.

Pour la Calabre et les îles, W. HOLZMANN, *Italia Pontificia*, 10, Zurich, 1975.

R. SOMMERVILLE a publié une *Scotia Pontificia* (Oxford, 1982), 186 lettres de Pascal II (1100) à Innocent III (1198).

Un *Bullarium Poloniae* a été publié par l'École française de Rome, 1982, 2 vol. : 1000-1342, 1342-1378.

Dans les *Monumenta Hispaniae Vaticana* (vol. 2, 5, 6, 7, 1965-1987) : La documencation pontificia de

Honorio III (1216-1227),

Innoncencio IV (1243-1254),

Alejandro IV (1254-1256),

Urbano IV (1261-1264).

Bien des textes restent encore à signaler ou à découvrir. Voir, par exemple, R. WEIGAND, *Unbekannte (Überlieferungen von) Dekretalen zum Kardinalkollegium, Studia... Stickler*, Rome, 1992, 599-616.

SECTION II. LA LÉGISLATION CONCILIAIRE

L'assemblée conciliaire fut, au Moyen Âge, l'autre grande occasion de légiférer[4]. Mais que faut-il entendre par cette expression ? Laissons de côté le synode diocésain qui, sous l'autorité de l'évêque, réunit des clercs et souvent des laïcs. Nous le retrouverons plus loin[5].

Le concile est expression de la collégialité épiscopale. Dans quel cadre ? Du plus vaste au plus modeste : de l'Église universelle (étant entendu que, depuis 1054, les conciles du

---

4. Sur la fréquence des conciles du XIe au XVe siècles, voir p. 49-51.
5. Voir p. 72-76.

monde latin ne comptent plus d'Orientaux) au concile provincial (province ecclésiastique), en passant par le cadre d'un « pays » (Espagne, France, etc.), d'une vaste région ou de quelques provinces ecclésiastiques dans un rapport de voisinage. Des laïcs, grands féodaux le plus souvent, y rejoignent parfois les clercs [6].

La terminologie est imprécise, *concilium* ou *synodum* (le latin ou le grec pour évoquer une réunion en commun). L'adjectif *generale* laisse incertain quant à l'extension territoriale de cette « généralité ». Aussi imprécis le qualificatif de « plénier » – accolé au Moyen Âge à de nombreux conciles –, ou celui de *concilium perfectum* [7]. « Œcuménique » est rarement employé [8] et n'est pas toujours utilisé pour les conciles qui figureront plus tard dans la liste des conciles œcuméniques [9]. *Concilium* désigne d'ailleurs des assemblées où, à côté de prélats, figurent des seigneurs laïcs. On y prend des décisions politiques autant que religieuses [10].

Faute de récits contemporains ou de documents officiels, tels

---

6. La présence de barons n'est pas rare dans les conciles médiévaux. Elle n'y apparaît pas comme l'exercice d'un droit qui serait revendiqué par les laïcs, mais plutôt comme l'exercice d'une collaboration entre clercs et fidèles. Très différentes sont les doctrines sur la participation aux conciles de la communauté des fidèles qui apparaissent au XIVe siècle et se traduisent dans les actes au XVe. Il s'agit alors d'une représentation des laïcs au concile (voir J. GILL, *The Representation of the « Universitas fidelium » in the Councils of the Conciliar Period*, « Studies in Church History », 7, 1971, 177-195).

7. G. SCHMITZ, « Concilium perfectum », ZSS KA, 66, 1979, 27-54.

8. Les conciles « œcuméniques » de notre période sont appelés « généraux » dans les documents de l'époque.

9. La liste traditionnelle des conciles œcuméniques est celle dressée par Bellarmin dans ses *Controversiae* (1586). Nicée I se qualifiait de « grand et saint concile ». Athanase et Eusèbe l'appellent « œcuménique ». Voir Y. CONGAR, « 1274-1974. Structures ecclésiales et conciles », *Revue des sciences philosophiques et théologiques*, 58, 1974, 355-391 (*Droit ancien et structures ecclésiales*, Variorum, 1982). Sur les doctrines du conciliarisme à la fin du XIVe et au XVe siècle (Pierre d'Ailly, Nicolas de Cues, Gerson, etc.), voir F. OAKLEY, « Natural Law, the "Corpus mysticum" and Consent in Conciliar Thought from John of Paris to Mathias Ugonius », *Speculum*, 56, 1981, 786-810 (*Natural Law, Conciliarism and Consent in the Late Middle Age*, Variorum, 1984).

10. *Concilium* à Soissons en 1155, où, sous la présidence de Louis VII, prélats et barons jurent une paix de dix ans (Y. SASSIER, *Louis VII*, Paris, 1991, 262-265). *Concilium generale*, dit Rigord, à propos de l'assemblée réunie par Philippe Auguste, en 1188 à Paris, dans laquelle prélats et barons décidèrent la croisade, etc.

que des « procès-verbaux de séances, on est en général [11] mal
renseigné sur la tenue des conciles, le déroulement des débats,
le rôle des présidents ou de quelques « meneurs de jeu », la
formation de majorités ou d'unanimités (parfois de façade), les
pressions extérieures.

Relativement rares furent les conciles de notre période qui
ont été provoqués par une convocation pontificale. Plus rares
encore ceux présidés par le pape (parfois hors de Rome) ou
même par ses légats.

La réforme grégorienne s'efforça de mettre un peu d'ordre
dans la terminologie, en affirmant du même coup la subordi-
nation du concile au pape.

S'appuyant sur des textes des Fausses Décrétales [12], les
canonistes grégoriens, Anselme de Lucques, le cardinal Deusdedit, Bonizo de Sutri, et d'autres, enseignent la supériorité
du pontife sur les assemblées de prélats. Le *Dictatus papae*
n° 16 interdit à tout synode de se dire « général » sans son
praeceptum. Plus clairement, une autre version des *Dictatus
papae*, dite *Dictatus d'Avranches* [13] précise : « Il est seul à pouvoir
réunir des conciles universels et aucun synode ne peut être
tenu pour confirmé *(ratum)* sans le consentement du pape. »

En fait, une telle exigence ne fut pas toujours satisfaite. Du
XIIe au XVe siècle, de nombreux conciles furent réunis sans
intervention de Rome. La présidence en fut assurée par des
membres des hiérarchies locales. Leurs dispositions législatives
ne furent pas formellement soumises à ratification pontificale.
Il en alla différemment pour les « grands conciles » œcuméniques, quelques conciles régionaux et, naturellement, pour
ceux qui se tinrent à Rome.

La législation conciliaire doit donc être considérée, pour
cette période, comme une source autonome du droit, en face
de la législation pontificale. Toutefois, elle lui est subordonnée,
en ce sens qu'elle ne pourrait aller contre le droit des décrétales.

---

11. Voir, par exemple, pour Latran IV, St. KUTTNER et A. GARCIA Y
GARCIA, « A new Eyewitness Account of the Fourth Latran Council », *Traditio*,
20, 1964, 115.

12. Ps.-Damase, 8-10 ; 19 (P. HINSCHIUS, *Decret. Pseudo-isidorianae*, 502, 503,
505, 506).

13. Ms. 146, bibliothèque d'Avranches, S. LOEWENFELD (éd.) NA, 16, 1891,
198-200.

Son rôle est de le compléter, là où il n'a pas statué, éventuellement de l'expliciter et de l'adapter aux situations locales. Toutes différentes seront les prétentions « conciliaristes », qui se font jour au cours du xive siècle et prennent toute leur ampleur au xve, lors des conciles de Constance et de Bâle. C'est alors la supériorité du concile sur le pape qui est soutenue par des théologiens et des canonistes illustres. Dans cette perspective, la législation conciliaire risquait de l'emporter sur le droit pontifical. C'est l'un des aspects essentiels de la crise que l'on a évoquée plus haut.

Bibliographie. Aux ouvrages cités p. 50 on ajoutera :

I. Sur la notion de concile œcuménique

H. J. Sieben, « Robert Bellarmin und die Zahl der Ökumenischen Konzilien », *Theologie und Philosophie*, 61, 1986, 24-59.

H. Fuhrmann, « Das ökumenische Konzil und seine historischen Grundlagen », *Einladung im Mittelalter*, Munich, 1987, 169-194.

V. Péri, « L'ecumenicità di un concilio come processo storico nella vita della Chiesa », AHC, 20, 1988, 216-244.

G. Gastambide, « El numero de los concilios ecumenicos », *Ecclesia militans, Studien P. Baumer gewidmet*, t. I, 1988, 1-21.

II. Sur la tenue des conciles

G. Fransen, « Papes, conciles généraux et œcuméniques », *Istituzione ecclesiastice della "Societas Christiana" dei secoli XI-XII*, Atti 5e sett. Mendola, 1971 ; (Milan, 1974), 203-228.

B. Basdevant-Gaudemet, « Les évêques, les papes et les princes dans la vie conciliaire en France du ive au xiie siècle », RHD, 69, 1991, 1-16.

III. Réception

R. Foreville, « La Réception des conciles généraux dans l'Église et la province de Rouen au xiiie siècle », *Droit privé et institutions régionales, Études... Yver*, Paris, 1976, 243-256.

L. Boisset, « Les Conciles provinciaux français et la réception des décrets du concile de Lyon de 1274 », RHEF, 69, 1983, 29-59.

W. KRÄMER, *Konsens und Rezeption. Verfassungsprinzipien der Kirche im Basler Konziliarismus*, Munster, 1980.

IV. Sociologie conciliaire

L. CAROLUS-BARRÉ, « Les Pères du IIe concile de Lyon. Esquisses prosopographiques », *1274. Année charnière*, 377-423.

H. MILLET, *Les Pères du concile de Pise*, MEFR 93, 1981, 713-790 (édition d'une nouvelle liste).

P. OURLIAC, « Sociologie du concile de Bâle », RHE, 56, 1961, 5-31 (*Études d'histoire du droit*, Paris, 1979, 331-356).

Sur les participants au concile de

Pise (1409), J. LEINWEBER, *Konzil und Papst, Festschrift für Tüchle*, Munich, 1975, 207-246.

Pavie-Sienne (1423-1424), M. C. MILLER, AHP, 22, 1984, 389-406.

Latran V (1512-1517), N. H. MINNICH, AHP, 12, 1974, 157-206.

V. Divers conciles

F. J. SCHMALE, « Synoden Papsts Alexanders II (1061-1073) », AHC, 11, 1979, 307-338.

J. C. TILLIER, « Les Conciles provinciaux de la province ecclésiastique de Bordeaux au temps de la réforme grégorienne », *Bulletin philologique et historique du Comité des sciences historiques*, 1968 (1971), 561-581.

R. SOMMERVILLE, diverses études sur les conciles de

Tours (1163), Berkeley, 1977.

The Councils of Gregory VII, « Studi Gregoriani », 13, 1989, 33-53.

The Councils of Urban II, vol. I : *Clermont (1095)*, Amsterdam, 1972 et AHC, 12, 1974, 55-90.

The Council of Clermont and the First Crusade, « Studia Gratiana » (*Mélanges Fransen*, t. II, Rome, 1976, 325-337).

Reims (1119), *Proc. Vth. Cong. MCL*, Salamanque, 1976 (Vatican, 1980), 35-50.

Beauvais (1114), *Traditio*, 24, 1968 ; BMCL, 493-503.
Reims (1131), BMCL, 5, 1975, 122-130.
Pise (1135), *Speculum* 45, 1970, 98-114.
L. BOISSET, *Un concile provincial... Vienne, 1289*, « Théol.
hist. » 21, Paris, 1973.

1. Espagne

J. M. PONS GURI, « Constitucions conciliars Tarraconenses,
1129-1330 », *Analecta sacra Tarraconensia*, 47, 1974, 65-128 ; 48,
1975, 241-363.

F. R. AZNAR GIL, *Concilios provinciales y sinodos de Zaragoza
de 1215 a 1563*, Saragosse, 1982.

J. S. HERRERO, « Los sinodos diocesanos de Toledo del siglos
XIII al XIV », *Proc. Vth Cong. MCL*, Salamanque, 1976 (Vatican,
1980), 93-98.

—, *Concilios provinciales y sinodos Toledanos de los siglos XIV
y XV*, Université de la Laguna, 1976.

—, « Los concilios provinciales y los sinodos diocesanos españoles, 1215-1550 », *Quaderni Catanesi*, 3, 1981, et 4, 1982, 151-197.

—, « La legislacion conciliar y sinodal hispana de los siglos
XIII a mediados del XVI y su influencia en la enseñanza de
la doctrina cristiana », *Proc. VIIth Cong. MCL*, Cambridge, 1984
(Bibliothèque apos. vaticane, 1988), 349-372.

2. Grande-Bretagne.

P. W. WHITELOCK, M. BRETT, C. N. L. BROOKE (éd.), *Councils and Synods*, t. I, *871-1204*, Oxford, 1981 ; F. N. POWICKE
et C. R. CHENEY, t. II, *1205-1313*, 2 vol., Oxford, 1964.

3. Hongrie, Dalmatie, Croatie.

L. WALDMÜLLER, *Die Synoden in Dalmatien, Kroatien und
Ungarn*, « Konziliengeschichte », 1987 (des origines à 1311).

4. Pologne.

J. SAWICKI, *Concilia Poloniae*, 10 vol., Varsovie-Poznan, 1961-
1963.

5. *XIVᵉ-XVᵉ siècle.*

Vienne (1311-1312).

J. LECLER dans l'*Histoire des conciles œcuméniques*, t. VIII, 1964.

J. GAUDEMET, « Vienne (Concilio di) », *Dizionario encyclopedio dei religiosi.*

Pise (1409).

J. VINCKE, « Acta concilii Pisani », *Römische Quartalschrift*, 46, 1938, 81-381.

Constance (1414-1418).

J. GILL, « Constance et Bâle-Florence », *Histoire des conciles œcuméniques*, t. IX, 1965.

H. FINKE, J. HOLLENSTEINER, H. HEIMPEL, *Acta concilii Constantiensis*, 4 vol., 1896-1928.

R. BAUMER (éd.), *Concilium Constantiense*, Darmstadt, 1977.

Bâle (1431-1438).

J. HALLER *et alii*, *Concilium Basiliense*, 8 vol., Bâle, 1896-1936. (Acta, diaria, documenta).

J. HELMRATH, *Das Basler Konzil, Forschungen und Probleme*, 1987.

Florence (1439).

G. HOFFMANN, E. CANDAL, J. GILL, *Concilium Florentinum*, « Documenta et scriptores », Rome, Pont. Ist. Orientale, 11 vol., 1940-1976.

J. GILL, *The Council of Florence*, Cambridge University Press, 1959.

G. ALBERIGO (éd.), *Christian Unity. The Council of Ferrara-Florence, 1438-1439*, Louvain, 1991, Actes du symposium international de Florence, 1989.

Latran V (1512-1517).

G. GASTEMBIDE, « España y el concilio V de Latran », AHC, 6 1974, 154-229.

VI. Le concile, source de droit

St. KUTTNER, « Die Konstitutionen des ersten allgemeinen Konzil von Lyon », SDHI, 1940, 70-132.

G. LO CASTRO, « La qualificazione giuridica delle deliberazioni conciliari nelle fonti di diritto canonico », *Seminario giuridico del università di Bologna*, 54, Milan, 1970.

J. GAUDEMET, « La Vie conciliaire en France », dans F. LOT - R. FAWTIER (éd.), *Histoire des institutions françaises au Moyen Âge*, t. III, *Institutions ecclésiastiques*, Paris, 1962, 315-329.

—, « Aspects de la législation conciliaire française au XIIIe siècle », RDC, 9, 1959, 319-340.

—, « Aspects de la législation conciliaire narbonnaise au milieu du XIIIe siècle », Narbonne, *Archéologie et histoire*, 1979, 147-156.

P. JOHANEK, « Studien zur Überlieferung der Konstitutionen des II. Konzil von Lyon, 1274 », ZSS KA, 66, 1979, 149-216.

SECTION III. LA LÉGISLATION SYNODALE

On a vu plus haut [14] la place tenue par les statuts épiscopaux dans la législation canonique du IXe siècle. Nous retrouvons cette législation locale à la fin du XIIe siècle et elle restera abondante dans les siècles suivants [15].

Le silence qui l'entoure pendant près de deux siècles n'est-il que déficience de notre information, qu'expliqueraient à elles seules les difficultés de l'époque et la situation précaire de nombreux diocèses ?

La législation synodale doit combler les lacunes de la législation générale, l'adapter, la préciser. Elle sert en quelque sorte de relais pour les clercs et les laïcs du diocèse vers une législation lointaine et sans doute mal connue. Comment le texte d'une décrétale pouvait-il parvenir dans une petite communauté rurale ? Comment pouvait-il y être compris ?

Les conditions d'élaboration de la législation synodale sont mal connues. Sans doute variaient-elles selon les lieux et la

---

14. Voir p. 19-21.

15. Fréquente confusion dans les sources entre statuts synodaux et canons des conciles provinciaux. D'où des juxtapositions, parfois des incertitudes dans les études modernes ; voir O. PONTAL, « Quelques remarques sur les statuts des synodes diocésains et provinciaux », RHEF, 48, 1962, 80-85.

personnalité d'évêques plus enclins à décider autoritairement qu'à s'entourer des avis de clercs ou de laïcs.

Juridiquement, le statut synodal est un acte épiscopal. C'est de l'évêque qu'il tient son autorité et son caractère obligatoire. Il est communiqué aux clercs et à quelques laïcs lors du synode diocésain (d'où son nom). Y était-il préparé, discuté, rédigé ? On ne le sait guère. Du statut tout rédigé, apporté par l'évêque et lu au synode qui l'entérine sans débats à une élaboration en commun, bien des nuances étaient possibles. Il appartenait à l'évêque d'en décider.

Certains de ces statuts ont servi de modèles pour d'autres diocèses, parfois fort éloignés. Des « familles » de statuts se sont ainsi constituées.

Modeste dans ses origines, le statut est précaire dans sa durée. Lorsque le besoin s'en fait sentir, un autre viendra le remplacer.

Bibliographie.

I. Études générales

O. PONTAL, *Les Statuts synodaux*, « Typologie des sources du Moyen Âge occidental », 1975.

J. SAWICKI, *Bibliographia synodorum particularium*, « Monumenta iuris canonici, Series C, Subsidia », vol. 2 (2 tomes), Vatican, 1967. - Des *Supplementa* ont été donnés dans la revue *Traditio*.

A. ARTONNE, L. GUIZARD, O. PONTAL, *Répertoire des statuts synodaux des diocèses de l'ancienne France du XIIIᵉ à la fin du XVIIIᵉ siècle*, Paris, CNRS, 2ᵉ éd. 1969.

II. Textes

1. Angleterre.

C. R. CHENEY, *English Synodalia of the thirtenth. Century*, Oxford, 1941 ; rééd. 1968.

D. W. WHITELOCK, M. BRETT, C.N.L. BROOKE (éd.), *Councils and Synods with other Documents*, 2 vol., t. I, *871-1204*, Oxford, 1981 ; F. N. POWICKE et C. R. CHENEY (éd.), t. II, *1205-1313*, Oxford, 1964.

2. Espagne.

A. GARCIA Y GARCIA (éd.), *Synodicon Hispanum*, 1981 s. (5 vol. publiés).

F. R. AZNAR GIL, *Concilios provinciales y synodos de Zaragoza de 1215 a 1563*, Saragosse, 1982.

J. SANCHEZ HERRERO, *Concilios provinciales y synodos toledanos de los siglos XIV y XV*, Université de la Laguna, 1976.

–, « Los concilios provinciales y los synodos diocesan. españols », *Quaderni Catanesi*, 3, 1981 et 4, 1982.

–, « La legislacion conciliar y sinodal hispana de los siglos XIII a mediados del XVI y su influencia en la enseñanza de la doctrina cristiana », *Proc. VIIth. Cong. MCL*, Cambridge, 1984 (éd. 1988), 349-372.

A. GARCIA Y GARCIA, « Primeros reflejos del concilio Lateranense IV en Castilla », *Studia hist.-eccles., Festg. Spätling*, Rome, 1977, 249-282 : statuts synodaux du synode de Ségovie (1216), le premier à appliquer en Castille la législation de Latran IV.

3. France.

Les statuts synodaux français du XIIIᵉ siècle :

T. I, O. PONTAL, *Les Statuts de Paris et le synodal de l'Ouest (XIIIᵉ s.)* Paris, 1971.

T. II, –, *Les Statuts de 1230 à 1260*, Paris, 1983.

T. III, J. AVRIL, *Les Statuts synodaux angevins de la seconde moitié du XIIIᵉ siècle*, 1988.

Collection des « Documents inédits sur l'histoire de France » (vol. 9, 15 et 19).

J. AVRIL, « Les "Praecepta synodalia" de Roger de Cambrai (1181/1191) », *BMCL*, 2, 1972, 7-15.

–, « Naissance et évolution de la législation synodale dans les diocèses du Nord et de l'Ouest de la France, 1200-1250 », *ZSS KA*, 72, 1986, 152-249 (avec publication de statuts, en annexe, p. 211-249).

P. C. BOEREN, « Les Plus Anciens Statuts du diocèse de Cambrai (XIIIᵉ s.) », *RDC 3*, 1953, 1-32 ; 131-173 ; 397-415 ; 4, 1954, 131-158.

–, « À propos des statuts du diocèse de Cambrai », *RDC 18*, 1968, 208-214 (autres statuts de date incertaine [1358/1421]).

G. GODINEAU, « Statuts synodaux inédits du diocèse de

Bourges, promulgués par Jean Cœur en 1451 », RHEF, 72, 1986, 49-66.

4. Hongrie.

G. ADREANYI, « Die ungarische Synoden », AHC, 8, 1970, 511-567.

A. SZENTIRMAI, « Die ungarische Diözesanssynode im Spätmittelalter », ZSS KA, 1961, 266-292.

5. Italie.

R. C. TREXLER, Synodal Law in Florence and Fiesole, 1306-1518, Vatican, 1971.

L. NOVELLI, Costituzioni della Chiesa bolognese emanate nel sinodo diocesana del 1310, « Studia Gratiana », 8, 1962, Bologne, 447-552.

G. BRIACCA, Gli statuti sinodali novaresi di Papiniano della Rovere (A. 1298), Milan, 1971.

6. Portugal.

I. DA ROSA PEREIRA, Estatutos sinodeis portugueses na Idade Media, « Repertorio de historia de las ciencias ecclesiasticas », 2, 1971 (relevé des manuscrits des statuts).

7. Tchécoslovaquie.

C. HÖFTER, « Concilia Pragensia (1353-1413) », Abandlungen königlichen Gesellschaft der Wissenschaft, série V, vol. 12, (Vienne, 1972).

III. Études

C. R. CHENEY, « Aspects de la législation diocésaine en Angleterre au XIIIᵉ siècle », Études... Le Bras, t. I, Paris, 1965, 41-54.

J. AVRIL, « L'Évolution du synode diocésain principalement dans la France du Nord », Proc. VIIth. Cong. MCL, Cambridge, 1984 (éd. 1988), 305-325 (composition du synode, fonctions, statuts synodaux).

R. FOREVILLE, « Les Statuts synodaux et le renouveau pastoral du XIIIe siècle dans le Midi de la France », *Cahiers de Fanjeaux*, 6, 1971.

O. Pontal, « Le Rôle du synode diocésain et des statuts synodaux dans la formation du clergé », *Cahiers de Fanjeaux*, 7, 1972, 337-359.

P. Johanek, « Die Pariser Statuten des Bischofs Odo von Sully und die Anfänge der kirchlichen Statutengesetzgebung in Deutschland », *Proc. VIIth Cong. MCL*, Cambridge, 1984 (éd. 1988), 327-347.

CHAPITRE IV

LA DOCTRINE
ET LES COLLECTIONS CANONIQUES

Bibliographie.

Aux ouvrages généraux déjà cités p. 7, on ajoutera, parmi les travaux les plus importants :

P. FOURNIER, *Mélanges de droit canonique*, 2 vol., Sciencia Verlag, Aalen, 1989

t. I, Diverses études sur Burchard de Worms et Ives de Chartres ;

t. II, Quinze articles sur des collections allant de l'époque carolingienne à la *Caesaraugustana*.

St. KUTTNER, Cinquante-deux articles publiés entre 1933 et 1988 ont été réunis dans 4 vol. des Variorum Reprints, sous les titres :

« Medieval Councils, Decretals and Collections of Canon Law » 1980.

« The History of Ideas and Doctrines of Canon Law in the Middle Ages », 1980.

« Gratian and the Schools of Law, 1140-1234 », 1983.

« Studies in the History of Medieval Canon Law », 1991.

R. WEIGAND, « Die anglo-normanische Kanonistik in den letzten Jahrzenten des 12. Jahrhunderts », *Proc. VII Cong. MCL*, Cambridge, 219-263.

P. LANDAU, « Neue Forschungen zu vorgratianischen Kanonessammlungen und den Quellen des gratianischen Dekrets », *Ius Commune*, 1984, 1-29.

P. LANDAU, « Gefälschtes Recht in den Rechtssammlungen bis Gratian », dans *Fälschungen im Mittelalter*, t. II, 1988, 11-49.

Avec les XIᵉ et XIIᵉ siècles, les collections canoniques, par leur nombre, la diversité de leurs tendances, leur qualité et leur ampleur connaissent la plus belle période d'une longue histoire.

Stimulé par la réforme de l'Église, bénéficiant de la renaissance du droit romain, un temps que l'on pourrait qualifier de « pré-classique », accueille des collections plus amples, mieux construites, où s'expriment les préoccupations et les orientations nouvelles d'une Église restaurée (1000-1140 env.).

Viennent alors les grandes collections qui, du milieu du XIIᵉ au milieu du XIVᵉ siècle, constitueront progressivement ce que l'École appellera le *Corpus iuris canonici* [1].

Les trois premières d'entre elles (le Décret de Gratien, vers 1140, les Décrétales de Grégoire IX en 1234, et le Sexte en 1298) rassemblent l'essentiel d'une législation millénaire et le « droit nouveau ». Matière de l'enseignement universitaire, objet de la réflexion des docteurs, elles susciteront la grande doctrine canonique classique. Au temps des collections et des compilateurs, succède celui des traités et des maîtres. C'est l'éclat des XIIIᵉ et XIVᵉ siècles, qui marque « l'âge d'or » de la doctrine classique.

Avec les dernières années du XIVᵉ et plus encore au XVᵉ siècle, les choses changent. Il serait excessif de parler d'un « fléchissement ». Disons plutôt que, le droit étant fixé, et la société ecclésiale ne se modifiant guère, la législation devient moins abondante, moins novatrice surtout. Plus de grandes collections, soucieuses de rassembler et de conserver les expressions d'un « droit nouveau » *(ius novum)*.

Quant à la doctrine, elle est, pour l'essentiel, l'œuvre d'universitaires, souvent engagés dans les débats de leur temps, où théologie, droit et politique se mêlent. Si l'on met à part la question bénéficiale, dont les incidences économiques retiennent l'attention des grands comme des petits, la grande affaire est celle du débat conciliaire, qui remet en question les structures de l'Église. Le sujet alimente des débats souvent âpres. Publicistes, théologiens, canonistes, à la fois maîtres universitaires, vigoureux polémistes et parfois hommes d'État, lui consacrent

---

1. Dans une symétrie (où affleure l'ambition) avec la compilation justinienne, le *Corpus iuris civilis*, trésor des romanistes.

harangues aux conciles (de Constance et de Bâle) et abondants traités [2].

Trois phases, par conséquent, qui nourrissent trois sections : I. Le renouveau préclassique (1000-1140) ; II. Les siècles d'or de la doctrine classique (env. 1140-1350) ; III. Les temps post-classiques (env. 1350-1520).

SECTION I. LE RENOUVEAU PRÉCLASSIQUE
(1000-1140)

A. LES COLLECTIONS RÉGIONALES
DE LA PREMIÈRE MOITIÉ DU XIᵉ SIÈCLE

– Le Décret de Burchard de Worms.
Bibliographie.
P. FOURNIER, « Études critiques sur le Décret de Burchard », Nouvelle RHD, 1910 (reproduites avec d'autres études sur Burchard, dans : *Mélanges de droit canonique*, t. I, Aalen, 1983, 203-448).
P. FOURNIER et G. LE BRAS, *Coll.* I, 364-421.
Ces études, déjà anciennes, mais toujours fondamentales, ont été précisées, complétées, parfois corrigées par des travaux plus récents. Voir, en particulier :
M. KERNER, Fr. KERFF, R. POKORNY, K. G. SCHON, H. TILLS, *Textidentifikation und Provenienzanalyse im Dekretum Burchardi*, « Studia Gratiana », 20, *Mélanges Fransen*, t. II, Rome, 1976, 19-63.
H. HOFFMANN, R. POKORNY, *Das Dekret des Bischofs Burchard*, MGH, 1991.
R. KAISER et M. KERNER, « Burchard, Bischof von Worms », *Lexikon des Mittelalters*, 1982, 946-951.
Éditions.
Princeps, MELCHIOR DE NEUSS, Cologne, 1548, sur un manus-

---

2. La bibliographie est considérable. Parmi les études récentes, G. ALBERIGO, *Chiesa conciliare*, Bologne, 1981.

crit aujourd'hui perdu, proche du manuscrit Vaticanus Palatinus, 585-586.

Édition reproduite par Jean FOUCHER, Paris, 1548, puis 1550 (même texte).

Une deuxième édition Cologne, 1560, utilise les invendus de 1548.

PL 140 (texte de Jean Foucher), il faut préférer les tirages d'avant 1868 (l'incendie de l'imprimerie) moins fautifs.

Préface réélaborée par Melchior de Neuss (lui préférer le texte des Ballerini) (PL 140, 499-500).

Rubriques souvent remaniées ou composées par l'éditeur.

Inscriptions en général fidèles aux manuscrits.

Quelque 80 manuscrits dépendant tous d'un même texte, la plupart originaires d'Allemagne, quelques-uns italiens ou français, dont BN lat., 12449 (copie d'un manuscrit plus ancien) et BN lat., 3860.

Date. 1008-1112.

1 783 chapitres dont 247 fragments patristiques ; 582 viennent de Réginon ; 281 de l'*Anselmo dedicata* : soit plus de la moitié des textes.

Sur le *Pénitentiel* (le livre XIX), G. PICASSO, G. PIANO, G. MOTTA, *A Pane e aqua. Il penitenziale di Burchardo*, Novare, 1986.

Tendances. Esprit traditionaliste ; reste fidèle aux souvenirs et aux textes carolingiens.

Diffusion. Importante, ainsi que l'atteste le nombre des manuscrits conservés. Le Décret avait un double mérite : il apportait une masse de textes très supérieure à celle des collections antérieures et il les regroupait en vingt livres, par matière. — Sur sa diffusion, voir

en Allemagne, O. MEYER, « Überlieferung und Verbreitung des Dekrets des Burchards von Worms », ZSS KA, 24, 1935, 141-189.

en Italie, H. MORDEK, « Handschriftenforschungen in Italien », *Quellen und Forschungen aus italien. Archiv. und Bibliothek.*, 51, 1972, 626-651.

— *Collectio XII Partium*, inédite.
Bibliographie.
J. MÜLLER, *Untersuchungen zur Collectio XII Partium*, 1989.
H. MORDEK, BMCL, 16, 1986, 9-11 (pour un fragment).

Date. Entre 1020 et 1050 (pour P. Fournier, « avant la réforme grégorienne »). – Peut-être de l'époque de l'évêque de Freising, Égilbert (1006-1039), pour J. Müller.

Lieu. Allemagne du Sud (Fournier). – Très probablement le *scriptorium* de Freising (Müller, 355).

Deux rédactions.

La première : 70 % des manuscrits conservés. Deux manuscrits seulement donnent le texte complet (Vienne, NB lat. 2136 ; Bamberg, Staatsbibliothek, can. 7), plus divers manuscrits d'*excerpta*.

La seconde forme, la plus riche. Deux manuscrits donnent le texte complet (Troyes, bibliothèque municipale, 246 ; Saint-Claude, bibliothèque municipale, 17).

La plus riche collection du XIᵉ siècle, plus de 3 000 chapitres (Burchard, 1 783 ; Gratien, 3 945 avec les *Palae* de l'édition Friedberg).

Diffusion. Le Décret de Burchard lui est préféré.

Utilise :

Le Décret de Burchard (90 % des textes de Burchard sont dans *Collectio XII Partium*).

Réginon.

Anselmo dedicata (voir J. MÜLLER et P. FOURNIER, *Coll.* I, 235-243).

Dacheriana.

Et d'autres collections (voir P. FOURNIER, « Collectio XII Partium », RHE, 1921 et *Mélanges...*, t. II, 751-813). Fait une large place aux conciles germaniques des IXᵉ-Xᵉ siècles mais aussi aux *Statuta ecclesiae antiqua* ; lettres de Nicolas Iᵉʳ ; premier *capitulum* aux évêques de Théodulphe d'Orléans ; fragments des deux *capitula* d'Hincmar.

– G. MARTINEZ-DIEZ, *Una Coleccion canonica pireneica del siglo XI, Ext. Miscell. Comillas*, 38, 1949. Introduction et texte d'une collection traditionaliste (non prégrégorienne). Canons des conciles orientaux, africains, gaulois. Quelques fragments de décrétales. Se termine par des indications sur les rites d'ordination aux divers degrés d'ordre.

– *Collectio de ecclesiasticis officiis.*
Étudiée et éditée par P. LANDAU, *Officium und Libertas christiana*, Bayerische Akademie der Wissenschaft, 1991, 17 s.

Date. Forme primitive : au plus tôt entre 950 et 1000, probablement peu avant 1000.

Lieu d'origine. Une ville épiscopale d'Italie.

Utilise probablement des formes antérieures, qui attestent un effort progressif, dès avant la réforme grégorienne, en Italie, pour préciser la notion et le droit de l'office ecclésiastique.

— *Collectio Veronensis*, non éditée. Un seul manuscrit : Bibl. cap. Vérone LXIV (xiᵉ s.) 104 f°.

Bibliographie.

P. LANDAU, « Die Collectio Veronensis », ZSS KA, 67, 1981, donne *incipit* et *explicit.*

Date et lieu d'origine inconnus.

Utilise Burchard (donc milieu xiᵉ s.).

Pas de division en livres, titres, seulement des chapitres (non numérotés) : Landau en propose 247 dont 138 pseudo-isidoriens (33 canons conciliaires) ; 18 patristiques ; 10 citations bibliques.

Texte le plus récent : un canon du concile de Hohenaltheim (916).

— Collection en cinq livres.

FOURNIER-LE BRAS, *Coll.* I, 421-429.

Date. Vers 1014.

Lieu d'origine. Italie du Sud.

On y trouve 38 textes de droit romain, tous (sauf deux) venant de l'*Epitome Iuliani.*

B. COLLECTIONS DITES DE LA « RÉFORME GRÉGORIENNE »
(seconde moitié du xiᵉ siècle)

Parmi les *sources* le plus souvent utilisées, et qui, pour certaines, font leur apparition dans les collections canoniques, on retiendra particulièrement :

1. L'Ancien Testament.

G. RUGGIERI (« Alcuni usi dell' "Antico Testamento" nella controversia gregoriana », *Cristianesimo nella storia*, 7, 1987, 51-

91), relève les passages les plus souvent cités, et les interprétations qui en sont données (et ne sont pas toujours identiques).

2. Le droit romain.

L'ensemble de la compilation justinienne, et surtout le Digeste, sont désormais connus. Sur le droit romain dans les collections canoniques de cette période, voir J. GAUDEMET, « Le Droit romain dans la pratique et chez les docteurs aux XIᵉ et XIIᵉ siècle », *Cahiers de civilisation médiévale*, 8, 1965, 365-380 (*Église et société en Occident au Moyen Âge*, Variorum, 1983) ; C. G. MOR, « Diritto romano e diritto canonico », *Sett. Spoleto*, 22, 1975, 705-722.

Les œuvres.

1. — *Pierre Damien*, 1007-1072, prieur de Fonte Avellana (1043), cardinal (1057 ?).
Bibliographie.
J. J. RYAN, « Sant Peter Damiani and his canonical Sources », *Toronto Pont. Inst. of Medieval Studies*, 2, 1956.
Studi in San Pier Damiano, Faenza, 1961.
P. PALAZZINI, « Note di diritto romano in S. Pier Damiano », SDHI, 13-14, 1947-1948, 235-269.
Éditions.
Opera omnia, PL 144-145.
K. REINDELL *(éd.), Die Briefe des Petrus Damian*. MGH, *Briefe der deutschen Kaiserzeit*, 4, 1-3, 3 vol., 1983-1989.
Sa correspondance (plusieurs lettres sont de véritables petits traités) exprime les vues d'un moraliste, réformateur sévère, profondément engagé par ses écrits et son action.

2. — *Collection en deux livres.*
Édition. J. BERNHARD, RDC, 1952. Sur le manuscrit Vat. 3832 (lacune après I, 56 jusqu'à I, 198).
Date.
Pour J. BERNHARD, vers 1053.
Pour J. GILCHRIST (« The Collectio of Cod. Vat. lat. 3832 », *Études Le Bras*, t. I, 141-156) après la collection en 74 titres, vers 1085 (voir aussi P. FOURNIER).

Origine italienne.

D'après la *capitulatio* du manuscrit, les 96 premiers chapitres concernent l'autorité du Siège romain.

3. – *Capitulaire du cardinal Atton de Verceil.*

Bibliographie.

P. FOURNIER, « Les Collections canoniques romaines de l'époque de Grégoire VII », *Mélanges...*, t. II, 442-448.

S. F. WEMPLE, *Atto of Vercelli, Church, State and Christian Society in tenth Century Italy*, Rome, 1979.

Édition. PL 134 reproduit A. MAI, *Scriptorum veterum nova collectio*, t. VI, Rome, 1832, 60-102.

Date. 1061-1073.

Environ 300 chapitres ; pas méthodique ; tendance grégorienne.

Emprunts au Pseudo-Isidore.

4. – *Humbert de Moyenmoutiers* (cardinal).

Bibliographie.

U. R. BLUMENTHAL, « Humbert of Silva Candida », *Theologische Realenzyklopädie*, 15.5, 1986, 682-685.

H. HOESCH, *Die kanonistische Quellen im Werk Humberts von Moyenmoutiers*, Cologne, 1970.

Éditions.

Adversus simoniacos Libri III (1056), MGH *Libelli de lite*, t. I, 1891 ; réimpr. 1956.

Sententiae, A. MICHEL (éd.), MGH, *Schriften*, vol. VII, 1943, réimpr. 1989 (23 des 27 *Dictatus papae* reprennent des thèmes des *Sententiae*).

5. – *Collection en 183 titres, Liber canonum diversorum patrum.*

Édition. G. MOTTA, « Monumenta iuris canonici », Series B, vol. 7, Cité du Vatican, 1988.

Date. Sous Grégoire VII , avant 1083-1088.

Milieu toscan (3 manuscrits à Florence).

T. I, *De fide sancte et individue Trinitatis* ; t. II, *De primatu romanae ecclesiae et quod unquam erravit et quod ab illa deviandum non est et de Patriarchis ac Primatis...* ; t. III (l'évêque).

Tendance réformatrice, en particulier réforme de la vie canoniale.

Sources (d'après G. MOTTA, XXXII). Avant tout Burchard (ce qui prouve l'utilisation de Burchard en Italie du Nord, déjà soutenue par O. Capitani contre C. G. Mor). Utilise aussi l'*Hispana*, les Pseudo-Décrétales, Réginon. Mais aucune certitude pour des emprunts aux 74 titres, aux 2 livres, à Anselme.

6. – *Collection de Santa Maria Novella.* Vers 1070-1080 pour G. Motta, BMCL, 17, 1977.

7. – *Collection en cinq livres, ms. Vat. lat. 1348.*
Édition. G. Motta, en appendice à son édition des 183 titres.
Date. Discutée, époque de Grégoire VII, vers 1080 ou vers 1100 (P. Landau).
Origine. Toscane.
Pour G. Motta serait un abrégé des 183 titres.
Diffusion. Faible.

8. – *Collection en cinq livres, ms. Vat. lat. 1339.*
Édition. (livres I-III), G. Fornasari, « CCL, Continuatio medievalis », 6, 1970.
Date. Deuxième ou troisième quart du xIᵉ siècle.
Sur l'édition voir G. Fransen, RHE, 66, 1971, 125 s.

9. – *Collection du manuscrit de Semur (Bibliothèque municipale 13)* ou *Collectio Remensis.*
Bibliographie. L. Fowler-Magerl, « Vier französische und spanische vorgratianische Kanonessammlungen, *Aspekte europäischer Rechtsgeschichte, Festschrift Coing* », *Ius commune*, n° spécial 17, Francfort, 1982, 124-141.
Date. Après 1067.
Origine. Reims.
Caractère. Pas systématique, par blocs de sources. Manifestation de la volonté de réforme dans le haut clergé français.
Diffusion. Six manuscrits connus, dont Paris, BN lat. 18221 ; Orléans, Bibliothèque municipale, 306.
Utilisée par d'autres collections, par exemple : *Collectio Vallicelliana*, B. 89 (voir W. Hartmann, « Die Kanonessammlung der Handschrift, Rom. bibl. Vall », BMCL, 17, 1987, 45-49).

10. – *Collection en quatre livres.*
Bibliographie. J. Gilchrist, « The Manuscripts of the Cano-

nical Collection in Four Books», ZSS KA, 69, 1983, 64-120, avec les *incipit* p. 80.

Date. Fin du pontificat de Grégoire VII, vers 1080-1085 (voir P. FOURNIER et J. GILCHRIST).

Manuscrits : au moins une quinzaine, dont BN lat. 3187-4281 A. Tous fin XIe-début XIIe siècle.

Origine. P. FOURNIER y voyait une réédition des 74 titres, revue par un canoniste français. Pour J. GILCHRIST (BMCL, 12, 1982, 13-30), les 74 titres viennent des 4 livres ; il propose un classement des manuscrits différent de celui de P. FOURNIER (*Les Collections canoniques...*, t. II, 235) et de G. FRANSEN (RDC, 25, 1975, 61).

Livre I, t. I, *De primatu romanae ecclesiae* (20 canons) ; t. II, *id.* (3 canons).

Collection très structurée, 3 livres (pas le livre 4) divisés en titres et subdivisés en chapitres.

11. — *Collection en 74 titres, diversorum patrum sententiae.*

Bibliographie. H. SEIBERT, *Eine unbekannte Überlieferung der 74 Titelsammlung, Festschrift für A. Becker,* Sigmaringen, 1989, 87-100.

Édition. J. GILCHRIST, « Monumenta iuris canonici », Series B, vol. 1, Cité du Vatican, 1973.

Date. Probablement vers 1074-1075 (utilisation attestée vers 1075-1076, par Bernold de Constance, dans une forme qui n'est déjà plus celle de l'original).

315 chapitres.

Objet. Essentiellement ecclésiastique (clercs, hiérarchie, biens d'Église, mariage, etc.). Titres I et II (c. 1-23) sur la primauté romaine.

Utilise beaucoup le pseudo-Isidore (250 textes, sur 315, dont 146 faux) ; pas d'appel aux conciles, mais à quelques papes : Gélase (13 textes), Innocent Ier (16), Léon Ier (29), Symmaque, etc. Peu d'utilisation du droit romain. L'auteur ne semble pas en avoir une connaissance directe par le « Bréviaire d'Alaric ». Il cite des textes de droit romain, trouvés chez Hincmar, le Pseudo-Isidore (dont il respecte les fausses attributions), Burchard.

Diffusion. Importante ; nombreux manuscrits. Utilisée par Anselme vers 1083, la collection en 4 livres vers 1085, la Panormie, Gratien.

12. – *Abrégé de Florence*, de Sainte-Marie-des-Anges, aujour-d'hui BN, *Firenze, conv. sop.* B 3.1132 et Paris, BN. lat. 13658.
Bibliographie.
G. FRANSEN, « Autour de la collection en 74 titres », RDC, 1975, 62-64 (analyse 66-73).
Abrégé qui suit l'ordre des 74 titres (quelques titres omis ou déplacés : t. I et II fusionnés en un t. I : *De primatu romanae ecclesiae*).

13. – *Manuscrit d'Assise.*
Bibliographie. FOURNIER-LE BRAS, *Coll.* II, 167-169.
Utilise les collections en 2 livres et en 74 titres. Livre I, *La Primauté.*

14. – *Collectio canonum d'Anselme de Lucques* (en 12 livres).
Bibliographie.
P. LANDAU, « Die Rezension C der Sammlung des Anselm von Lucca », BMCL, 16, 1986, 17-54.
– *Intorno alle redazioni piu ampie...*, Atti Conv. Mantova, 1986 ; Bologne, 1987, 339-348.
G. PICASSO, *La collectio canonum di Anselmo nella storia delle Collezioni canoniche*, Atti Conv., 1986 ; Bologne, 1987, 313-321.
G. MOTTA, « La redazione A "aucta" della collectio Anselmi Lucensis », *Studia... Stickler*, Rome, 1992, 375-449.
Édition. F. THANER (1906-1915), très critiquée (St. KUTTNER, BMCL, 1971, 13 ; P. LANDAU, BMCL, 16, 1986, 17 s. ; G. FRANSEN, BMCL, 16, 1986, XII-XIII).
Date. Achevée vers 1083 ; mais formation progressive.
« Par sa diffusion, la plus importante des collections de la réforme grégorienne » (H. FUHRMANN).
Quinze manuscrits (Th. KÖLZER dans son édition de la collection de Farfa, 1982, 83 et note ; voir également P. LANDAU).
P. FOURNIER (Ann. université de Grenoble, 1901) distinguait 4 rédactions : A (11 mss) – la plus proche de l'original ; B, C, Bd – formes plus amples, du XIIᵉ siècle. – Classement affiné par P. LANDAU *(Intorno...)*.
128 chapitres en 13 livres : l. I, 89 chapitres : La Primauté ; l. II, 82 chapitres : Primauté, juridiction, spécialement celle du pape (Primauté). – Dans les 7 premiers livres, désordre, suc-cession de masses recopiées, pas de thèmes (5 ou 6 reparaissent

à plusieurs reprises) — À partir du l. VIII, plus d'ordre, textes groupés par sujets.

Sources. Reprend 250 des 315 textes des 74 titres. — Utilise aussi Burchard (peu dans les 7 premiers livres, davantage par la suite). Environ 180 textes patristiques. Dans les trois derniers livres, Augustin apparaît par masses. Du droit romain (peu de Théodosien, surtout du droit de Justinien).

15. — *Deusdedit.* (Bénédictin, légat de Grégoire VII en Espagne, puis dans l'Empire, créé cardinal par Grégoire VII.)

Liber canonum.
Édition. V. WOLF VON GLANVELL, 1905.
Date. 1087 (achevé entre mai et septembre).
Division en 4 livres (et chapitres, 1216 textes).
Veut montrer la place de l'Église romaine et les fondements de la primauté.

Sources. Dans chaque livre, les textes viennent par masses (conciles, lettres des papes, patristique, droit séculier). Parfois groupement de textes d'origines différentes, mais de même objet (par ex. Pierre et Paul : I, 290-292, textes de Léon, Grégoire, Augustin). Mais le plus souvent des séries de textes d'un même auteur : par ex. I, 188-233 (Grégoire le Grand avec quelques éléments étrangers : 202, Grégoire VII ; 219, Grégoire IV ; 227-231, 233, *Vita* de Grégoire par Jean Diacre), etc. Cyprien : I, 262-281 ; Ambroise : 281-289 ; Augustin : 293-300 ; Jérôme : 301-323.

Du droit théodosien par divers intermédiaires canoniques (J. GAUDEMET, « Le Droit romain dans la collection canonique du cardinal Deusdedit », *Mém. soc. hist. droit bourguignon*, 45, 1988, 155-165). Une trentaine de canons sont empruntés au droit romain. Aucun ne vient du Digeste.

Sur les textes falsifiés dans le *Liber canonum*, U. R. BLUMENTHAL, « Fälschungen bei Kanonisten der Kirchenreform des 11. Jahrhunderts », *Fälschungen im Mittelalter*, t. II, 1988, 241-262.

Diffusion. Collection peu répandue (2 manuscrits seulement sont complets), des manuscrits en Italie et en France seulement.

Libellus contra invasores.
Édition. MGH *Libelli de lite*, t. II, 292 s.
Date. Achevé vers 1097.

16. – *Collection du manuscrit Bibl. Valicelliana B 89.*
Bibliographie. W. HARTMANN, « Die Kanonessammlung der Handschrift Rom, B.V.B. 89 », BMCL, 17, 1987, 44-64 (donne l'analyse des 157 canons).
Date. Après les 74 titres (qu'elle utilise) et d'autres collections de la fin du XIe siècle (spécialement celle de Semur).
Utilise Deusdedit.
Tendance. Collection de la réforme grégorienne, œuvre de juriste peu averti.

– *Collections grégoriennes espagnoles.*
G. MARTINEZ-DIEZ, « Canonistica española pregraciana », *Repert. de hist. de las ciensias ecl. en España*, 1967, 377-395.
La vie conciliaire, arrêtée depuis l'invasion arabe, reprend (Coyanza de Léon, 1055 ; Compostelle, 1056). Influence de Cluny et de la réforme grégorienne. Fin du règne exclusif de l'*Hispana* ; passage direct à la réforme grégorienne, sans avoir connu (sauf en Catalogne, liée au monde carolingien) l'*Hadriana*, les Fausses Décrétales, Réginon.

17. – *Collectio Tarraconensis*, en 7 livres.
Bibliographie.
G. FRANSEN, « Autour de la collection en 74 titres », RDC, 25, 1975.
L. FOWLER-MAGERL, « Vier französische und spanische Vorgratianische Kanonessammlungen », *Aspekte europaïsche Rechtsgeschichte, Festgabe Coing, Ius commune*, n° spécial 17, 1982, 142 s.
Date. Peu après la mort de Grégoire VII (1085).
Origine. Poitou ou Aquitaine (FOURNIER-LE BRAS, *Coll.* II, 240-247) ; région pyrénéenne (G. MARTINEZ-DIEZ).
Deux recensions, dont (de la 1re) Paris, BN lat. 5517 ; (de la 2e) Paris, BN lat. 4831, B. – Au total, cinq manuscrits connus.
Sources. Collection en 2 livres ; collection en 74 titres (dans l'Abrégé de Florence) ; Pseudo-Isidore ; Burchard ; collection de Bordeaux.
18. – Sur cette *collection de Bordeaux en sept livres* (manuscrit Bibl. de Bordeaux, 11238, f° 147-172).
Bibliographie.
FOURNIER-LE BRAS, *Coll.* II, 247-250.

G. FRANSEN, RDC, 1975, 62.

L. FOWLER-MAGERL, « Vìer französische... », 144.

Date. 1085-1090.

Origine. Poitou au Aquitaine (G. LE BRAS, « L'Activité cano-
nique à Poitiers pendant la réforme grégorienne », *Mélanges
Crozet*, Poitiers, 1966, 237-239, qui note la parenté avec la
Tarraconensis, sans opter pour l'influence de l'une sur l'autre).

Tendance. Favorable au Saint-Siège, mais sans beaucoup
insister.

Sources. Burchard et les 74 titres.

19. – Le *Polycarpus* du cardinal Grégoire (voir p. 98).

Date. 1104-1113.

Collection italienne (romaine) mais dédiée à l'archevêque de
Compostelle.

20. – *Caesaraugustana.*

Bibliographie.

P. FOURNIER, « La Collection canonique dite Caesaraugustana », *Mélanges de droit canonique*, t. II, 815-841.

L. FOWLER-MAGERL, « Vier französische... », 144-146.

E. TEJERO, « El matrimonio en la collectio C », *Proc. VII
Cong., MCL*, 1988.

– « Ratio y jerarquia de fuentes canonicas en la C »,
Hispania christiania, Estudios Orlandis, Pampelune, 1988, 303-
322.

Date. 1110-1120, car utilise le *Polycarpus.*

Origine. France, pour P. FOURNIER. – Sud de la France ou
Nord de l'Espagne pour L. FAWLER-MAGERL, *Festgabe... Coing*,
144-146 ; P. LANDAU, *Ius commune*, 11, 984, 20. – Italie pour
C. G. MOR « I testi di diritto giust. nelle due redazioni della
Collezione Caesaraugustana », *Studi Scaduta* et pour G. SANTINI
(*Ric. sulle Exceptiones leg. rom.*, 1969, 88-92), tirant argument
de la présence de droit romain qui ne vient ni d'Ives, ni de
la *Britannica* ; surtout de droit de Justinien.

Deux recensions : la première vers 1104-1120 (P. FOURNIER),
manuscrit Paris, BN lat. 3875 ; la seconde vers 1143-1144,
manuscrit Vat. lat. 5715 ; Paris, BN lat. 3876. – La seconde
recension prend aux *Exceptiones Petri* 14 chapitres de droit
romain.

Collection qui fusionne les collections d'Ives et celles de la réforme (Anselme, Deusdedit).

21. – G. FRANSEN, « Une collection canonique de la fin du XIᵉ siècle » RDC, 1960, 136-156 (analyse une collection d'un manuscrit de Madrid, BN 11.548).
Date. 1088-1093.
Sources. Utilise *Dionysio-Hadriana*, Pseudo-Isidore, Burchard et des textes « grégoriens ».
Tendance. Réformatrice grégorienne.

22. – *Collectio canonum Barberiniana.*
Bibliographie. G. FORNASARI, *Apollinaris*, 36, 1963, 127 s.
Date. 1071-1120.
Un manuscrit au Vatican.
La collection vient peut-être de Lucques.

– *Bonizo de Sutri.* Sur Bonizo : U. LEWALD, *Bonizo von Sutri und das Kirchenrecht seiner Zeit*, Weimar, 1938.
W. BERSCHIN, *Bonizo von Sutri, Leben und Werk*, Berlin-New York, 1972.
I. S. ROBINSON, « A manuscrit of the Liber de V. C. », BMCL, 3, 1973, 135-139.

23. – *Liber de vita christiana* (1088-1095).
Bibliographie.
P. FOURNIER, *Bonizo de Sutri, Urbain II et la comtesse Mathilde*, Bibliothèque de l'école des Chartes, 1915.
– *Ibid.*, 78 (1917), 116-134.
Sources. Burchard (y prend ce qui est « romain ») ; les grégoriens (Anselme, Deusdedit) ; les archives pontificales (par ex. des lettres de Gélase).

24. – *Liber ad amicum* (vers 1085-1087).
Édition. MGH, *Libelli de lite*, t. I, 568 s.

25. – *Manuscrit 1554, bibl. Laurentienne, manuscrit Ashburnham.* Vers 1095.

26. – *Britannica.*
Un seul manuscrit, British Library.

Analysé par P. EWALD, NA, 5, 1880.
Date. 1090 ou peu après.
Larges emprunts au droit romain et aux lettres des papes (47 d'Urbain II) ; voir R. SOMMERVILLE, « The Letters of Pope Urban II in the collectio Britannica », *Proc. VII Cong. MCL,* Cambridge, 1984 ; éd. 1988, 103-114.

27. – *Collection en neuf livres, bibl. Wolfenbüttel.*
Bibliographie. FOURNIER-LE BRAS, *Coll.* II, 285-296.
Date. Vers 1096-1099.

28. – *Collections poitevines de la réforme grégorienne.*

G. LE BRAS (« L'Activité canonique à Poitiers pendant la réforme grégorienne », *Mélanges Crozet,* t. I, Poitiers, 1965, 235-239) cite parmi ces collections :
Collection en dix-sept livres, connue par trois manuscrits dont un manuscrit de Poitiers (aujourd'hui Phillips, 1778) décrit dans *Histoire des collections canoniques,* t. II, 230-235 (également manuscrit Reims, lat. 675, anc. G. 528). Voir L. FOWLER-MAGERL, « Vier französische... », 143-144.
Collectio Tarraconensis (voir p. 91).
Collection en sept livres, sept premiers livres d'une collection incomplète, contenue dans un manuscrit, Bibliothèque municipale de Bordeaux 11238 (voir p. 91).
Collection en treize livres, Bibl. Berlin, Savigny 3 f° 181 ; provient de la bibliothèque d'un juriste de Poitiers du XVIIe siècle. Voir FOURNIER-LE BRAS, *Coll.* II, 251-259.

R. REYNOLDS (*Traditio,* 1969, 508-514) ajoute : *Collection en sept livres du manuscrit Turin, univ. D. IV, 33* que FOURNIER-LE BRAS (*Coll.* II, 163-167) croyaient italienne. On y trouve en particulier 10 canons du concile de Poitiers de 1078 (l. VI, c. 192-200) qui figurent également dans les collections *Tarraconensis*, de Bordeaux en 7 livres et de Berlin en 13 livres.
Date. Vers 1100.
Sources. Utilise Burchard, collection en 74 titres, Deusdedit, Anselme.
La collection compte 140 chapitres.
Grégorienne, mais modérée.

C. LES COLLECTIONS D'IVES DE CHARTRES

Bibliographie.

L. CHEVAILLER, « Yves de Chartres », *Dictionnaire de droit canonique*, 1761-1786.

P. LANDAU, « Ivo von Chartres », *Theologische Realenzyclopédie*, 16, 1987, 422-427.

P. FOURNIER, Diverses études réunies dans le t. I des *Mélanges de droit canonique*, 449-748.

J. RAMBAUD-BUHOT, « Les Sommaires de la Panormie et l'édition de Melchior de Vosmédian », *Traditio*, 1967, 534-536.

Ch. MUNIER, « Pour une édition de la Panormie d'Ives de Chartres », *Mémorial de la faculté de théologie catholique de Strasbourg*, 1970, 347-458.

P. LANDAU, « Das Dekret des Ivo von Chartres », ZSS KA, 70, 1984, 1-44 (étudie les manuscrits et les éditions et dit leurs insuffisances).

– Ives de Chartres. Né vers 1040, probablement à Chartres. Étudie au Bec sous Lanfran, avant 1060, puis à Paris. Élu évêque de Chartres en 1090. L'archevêque de Sens refuse de la consacrer ; consacré par Urbain II à Capoue fin 1090. Difficultés à Chartres avec les seigneurs, protégé par le roi, puis conflit en 1092 lors du divorce et du remariage de Philippe Iᵉʳ. L'accord ne se rétablit qu'en 1104. Mort le 23 décembre 1115.

Le *Décret*. Manuscrits, peu nombreux (dont 4 textes complets, 3 incomplets). P. LANDAU distingue un groupe français (BN 14315 ; Vat. 1357) ; un groupe anglais (Cambridge, Corpus Christi, 19 ; British Library) ; divers autres manuscrits dont le *Coloniensis*, base de l'édition de VAN DER MEULEN).

Éditions.

Édition princeps du lovanien VAN DER MEULEN (Molinaeus), professeur de droit canon à Louvain, 1561.

Puis à Paris, par le chanoine de Sainte-Geneviève, Jean FRONTEAU, 1647, qui utilise l'édition de Louvain (PL 161).

Le Décret emprunte à celui de Burchard (au moins 1 600 textes sur ses 3 760 chapitres), utilise la *Tripartita*, coll. A (1093-1094). Autres sources : Pseudo-Isidore, une collection du genre de la *Britannica*, textes patristiques du *Quadripartitus*, environ 250 textes de droit romain dont une cinquantaine du Digeste par la *Britannica*.

Date. Probablement 1094, avant la diffusion du concile de Clermont (1095).

Dix-sept parties, sans agencement des textes.

Peu d'influence sur Gratien, et peu en Italie. Pas « grégorien », position moyenne ; reconnaît la primauté.

Inscriptions et rubriques le plus souvent conformes aux manuscrits dans l'édition ; mais n'étaient pas toujours dans le manuscrit.

— Le droit romain dans le Décret d'Ives.

Textes empruntés au Bréviaire d'Alaric (droit théodosien) relevés par

A. DE WRETSCHKO, « De usu Breviarii », dans : MOMMSEN et KRÜGER, *Code théodosien*, vol. I, 1re partie, Berlin, 1905, p. CCCXLV-CCCXLVII.

Sur la question P. FOURNIER, « Les Collections attribuées à Ives de Chartres », *Mélanges...*, t. I, 527-543.

Environ 250 fragments pris au droit romain ; environ 50 viennent du Digeste par la *Britannica* (pas d'emprunt direct au Digeste) ; 24 fragments viennent des Inst. de Justinien, probablement par la *Britannica*. Le Code n'est utilisé que dans les neuf premiers livres. Les Novelles sont utilisées dans la traduction de Julien. Peu d'emprunts au Bréviaire. Le droit romain est surtout utilisé au livre VIII à propos du mariage (38 fragments, tous du droit de Justinien).

La *Panormie*. Un manuscrit contenu dans le manuscrit 713 de la bibliothèque de l'Arsenal (f° 1-116) est signalé par R. SOMMERVILLE ; voir BMCL, 17, 1987, XII.

Date. Peu après le Décret, vers 1095.

Sur les rubriques et les inscriptions (qui ne sont pas d'Ives, mais ont été ajoutées en utilisant celles du Décret de Gratien), voir

P. LANDAU, « Die Rubriken und Inscriptionen von Ivos Panormie », BMCL 12, 1982, 31-49, complétant et corrigeant l'article de J. RAMBAUD-BUHOT, « Les Sommaires de la Panormie... ».

G. FRANSEN, « La Tradition manuscrite de la Panormie d'Ives de Chartres », BMCL, 17, 1987, 91-95.

Seule édition utilisable : celle de S. BRANT (1499). Celle de M. DE VOSMEDIAN (1567) est à écarter et celle de la PL 161 (qui la reprend) est plus mauvaise encore.

La *Tripartita*. Non publiée (3 éléments : collection A, chronologique, décrétales et canons conciliaires — collection B, 861 fragments pris dans le Décret).

D. COLLECTIONS NON GRÉGORIENNES (fin XIe siècle)

— Collection de Farfa.

Édition Th. KÖLZER, Mon. Iur Can B. 5, 1982.

Collection en 4 livres (280 fragments) contenue dans le *Registrum farfense* (Cod. Vat. lat. 8487) ; œuvre de Grégoire de Catino, né vers 1060 ; au cloître de Farfa dès son enfance ; y compose le *Regestrum* à partir de 1092 ; date de sa mort inconnue.

Collection « anti-grégorienne » : ignore la réforme et ses thèmes. Collection « monastique » (Pour ce type de collection, voir Th. KÖLZER, « Mönchtum und Kirchenrecht », ZSS KA, 69, 1983, 121-142) dont le but est de fournir des textes pour assurer la défense des droits et des biens des églises, la *« libertas ecclesiae »*.

Date. Entre 23 mai 1099 et mi-septembre 1100 pour les deux premiers livres ; peu après pour les livres III et IV.

Contenu. L. I, III, IV : questions diverses, sans grand ordre ; l. II : 90 canons sur les biens d'église.

Sources. Pseudo-Isidore, au moins 79 des 92 canons du livre I ; au moins 85 des 90 canons du livre II. Collection en 5 livres (Vat. lat. 1339) (voir p. 87) Burchard ; peu de décrétales (30 fragments).

Diffusion. Aucune ; ne franchit pas les portes du monastère.

E. COLLECTIONS DU XIIe SIÈCLE (avant le Décret de Gratien)

Parmi de très nombreuses collections italiennes, françaises ou espagnoles (voir FOURNIER-LE BRAS, *Coll.* II, 115-313), on n'en signalera que quelques-unes.

— Collection du manuscrit Vat. Reg. lat. 1054.
Date. Vers 1100.

— *Polycarpus* du cardinal Grégoire.
Date. 1104-1113.
Pas publié ; fragments dans PL 56 ; sommaire des titres dans PL 163, 754-758.
Manuscrits : Paris, BN 3881 (première récension), Vat. Reg. lat. 987.
Bibliographie.
Uwe HORST, *Die Kanonessammlung Polycarpus*, MGH, *Hilfsmittel*, 15, 1980.
Sur ce livre, J. GILCHRIST, ZSS KA, 1982, 441-452.
G. MOTTA, « Nuovi identificazioni in Polycarpus », *Aevum*, 1983, 57, 232-244.
G. FRANSEN, « Grégoire, cardinal-diacre de Saint-Chrysogone » († 1113), *Dictionnaire d'histoire et de géographie ecclésiastiques*, 21, 125, 1986, 1455-1456.
Collection d'esprit grégorien, émanant du cercle de Pascal II.

— Collection en deux parties, Paris, BN lat. 3858 C.

— Alger de Liège, *Liber de Misericordia et iustitia.*
Bibliographie.
Fr. MERZBACHER, « Alger von Lüttich und das kanonische Recht », ZSS KA, 66, 1980, 230-260.
M. L. ARDUINI, « Tra "Christianitas" e "contemplatio" : Algero di Liegi », *Chiesa, diritto e ordinamento della « Societas christiana » nei secoli XI-XII, Atti... Mendola 1983* ; Milan, 1986, 340-400.
— « Considerazioni sul Liber III del « De misericordia et iustitia » e del « De sacramentis » di Algero di Liegi », *Proc. VII Cong. MCL*, Cambridge, 1984 ; Cité du Vatican, 1988, 171-195.
Édition. R. KRETZSCHMAR, *Alger von Lüttichs Traktat « De misericordia et justitia »*, « Quellen und Forschungen zum Recht im Mittelalter », 2, Sigmaringen, 1985.
Date. Vers 1106 (P. FOURNIER — G. LE BRAS) ; mais R. KRETZSCHMAR garde 1093-1121 (incertitude sur la date).
Trois livres : l. I : « Quand et comment user de la miséricorde ? » ; l. II : « Quand et comment user de la justice

(l'ordre) ? » ; l. III : « Ceux qui sont hors de l'Église (excommuniés, hérétiques, schismatiques, condamnés).
Sources utilisées. Appel surtout à des textes anciens, pas aux textes grégoriens ; pas de concile postérieur à 868 ; n'utilise pas Anselme ; très personnel dans son utilisation des sources.
Méthode. Reprise à Ives de Chartres ; attitude tolérante.
Diffusion. Faible, peu de manuscrits (tous sont du Nord de la France ou de la Belgique : 8 manuscrits conservés de Liège, Cambrai, Clairvaux). Collection connue en Italie ; utilisée par Gratien.

– Collection en neuf livres du manuscrit de l'Arsenal 721.
Bibliographie. FOURNIER-LE BRAS, *Coll.* II, 261-265.
Date. Vers 1100.

– *Liber de honore Ecclesiae* de Placide, prieur de Nonantola.
Bibliographie.
G. PICASSO, *Testi canonistici nel Liber de honore Ecclesiae di Placido di Nonantola*, « Studia Gratiania » 20 *Mélanges Fransen*, t. II, Rome, 1976, 291-300 (relève 116 références à des textes de droit canonique).
J. W. BUSCH, *Der Liber de honore Ecclesiae des Placidus von Nonantola*, « Quellen und Forschungen zum Recht im Mittelalter », 5, Sigmaringen, 1990.
Édition. MGH, *Libelli de lite*, 1892.
Date. 1111.

– Collection en trois livres du manuscrit Vat. lat. 3831 (et manuscrit Pistoia, Arch. cap. C 135).
Bibliographie.
P. FOURNIER, « Une collection canonique italienne du commencement du XIIe siècle », *Ann. enseignement supérieur de Grenoble*, 1894, 343-409.
J. ERICKSON, « The Collection in three Books and Gratian's Decretum, BMCL », 2, 1972, 67-75.
G. MOTTA, « Osserv. intorno alla collezione canonica in tre libri », *Proc. V Cong. MCL*, Salamanca, 1976 ; Cité du Vatican, 1980, 51-65.
Date. 1111-1120.
Origine. Italie centrale.

Emprunte beaucoup au *Polycarpus* ; provient du groupe des réformateurs.

Sera utilisée par le Décret de Gratien.

— Collection du manuscrit Vat. lat. 3829.
Bibliographie.
FOURNIER-LE BRAS, *Coll* II, 210-218.
Date. Vers 1118-1119.
Origine. Italie.

— Collection du manuscrit Paris, BN lat. 3839A.
Bibliographie.
J. RAMBAUD-BUHOT, « Un corpus inédit de droit canonique... », *Mélanges Julien Cain*, t. II, 1968, 271-281.
Italienne pour FOURNIER-LE BRAS ; poitevine (vient du *scriptorium* de Saint-Aubin d'Angers) pour J. RAMBAUD-BUHOT.

— Collection en sept livres du manuscrit Vat. lat. 1946.
Date. Entre 1112-1120.
Origine. Rome.
Bibliographie. FOURNIER-LE BRAS, *Coll.* II, 185-192.
Œuvre italienne de la réforme, large usage des lettres des papes.

— Collection en neuf livres du manuscrit Vat. bibl. S. Petri C 118.
Date. Vers 1125.
Peut-être une révision de la collection en trois livres (voir p. 99), en tout cas, en dépend.

— Collection en 294 chapitres.
Bibliographie. A. GOURON, « Sur la collection en 294 chapitres », *Ann. de la faculté de droit et des sciences sociales de Bordeaux*, I, II, 1978, 95-106. (*La Science du droit dans le Midi*, Variorum, 1984).
Date. Après 1123.
Origine. Région Saône-Rhône.
Larges emprunts au *Polycarpus*, un emprunt à Ives.

— Manuel pour un évêque.
U. R. BLUMENTHAL, « On Episcopal Handbookd from 12th

Century Southern Italy (Cod. Rome, bibl. Vallicelliana, F 54 III) », *Studia... Stickler*, Rome, 1992, 13-24.

— Trois collections lombardes.
Éditées par le P. Giorgo PICASSO, Milan, 1969, « Collections canoniques ambrosiennes, 1, 2, 3 ».
Bibliographie.
G. FRANSEN, RHE, 1971, 125 s.
Ch. MUNIER, RDC, 20, 1970, 276-278.
J. GAUDEMET, *Cahiers de civilisation médiévale*, 1975.

— Collection de l'Archivio capitolare di S. Ambrogio (déjà signalée par P. Fournier), 245 chapitres.
Date. Rédigée à Milan entre 1130-1139.
Dépend en partie de Deusdedit.
Insiste sur la primauté, la lutte contre la simonie, la discipline matrimoniale.

— Collection de la bibl. Ambrosienne I, 145, inf., 396 chapitres.
Date. Après 1139.
Tributaire d'Ives de Chartres.
Muette sur la primauté, mais soucieuse de la simonie.
128 canons pénitentiels et un dossier antimonastique.

— Collection de la bibl. Ambrosienne H, 5 inf. 74 chapitres.
Début XIII⁰ siècle, région de Bergame-Brescia. Très directement tributaire des 74 titres.

— Collection Vallicelliana, manuscrit F 54, f⁰ 170-226.

— Collection en treize livres Vat. Lat. 1361.
Date. 1130-1137.
Origine. Italie.

SECTION II. LES SIÈCLES D'OR
DE LA DOCTRINE CLASSIQUE (1140-1350)

La formation du « Corpus iuris canonici »

Bibliographie générale.
G. LE BRAS, Ch. LEFEBRE, J. RAMBAUD, HDIEO, t. VII, *L'Âge classique. Sources et théorie du droit*, Paris, 1965.

Sur la pénétration du droit romain dans le droit de l'Église.

P. LEGENDRE, *La Pénétration du droit romain dans le droit canonique classique de Gratien à Innocent IV*, Paris, 1964.

G. LE BRAS, « Le Droit romain au service de la domination pontificale », RHD, 1949, 277-299.

— « Droit romain et droit canon au XIII*e siècle* », *Accademia Lincei Quaderno*, 92, 1967.

— « Résolution des désaccords entre droit romain et droit canon dans l'œuvre des grands classiques », *Studi Volterra* t. I, 49-53.

Fr. MERZBACHER, *Die Parömie « Legista sine canonibus parum valet. Canonista sine legibus nihil »*, « Studia Gratiana » 1967 (*Collectanea St. Kuttner*, t. III, 273-282).

G. MICZKA, « Utrumque ius. Eine Erfindung der Kanonisten », ZSS KA, 88, 1971, 127-149.

Ch. MUNIER, « Droit canonique et droit romain d'après Gratien et les décrétistes », *Études Le Bras*, t. II, 1965, 943-964.

Entre les années 1140 et les débuts du XIVe siècle, l'Église s'est dotée de quatre compilations différentes aussi bien par leur origine que par leur contenu ou leur autorité : le Décret de Gratien (vers 1140), les Décrétales de Grégoire IX (1234), le Sexte (1298), les Clémentines (1314-1317). La technique des copistes et l'acquiescement des maîtres les réuniront sous le nom de *Corpus iuris canonici*, expression inspirée de l'exemple de la compilation justinienne, que les romanistes qualifiaient de *Corpus iuris civilis.* Jusqu'au code de droit canonique de 1917, cet ensemble servira de code à l'Église latine.

Œuvre d'initiative privée, qui ne fut jamais officiellement authentifiée par Rome mais qui, très vite, bénéficia de l'assentiment des docteurs, le Décret de Gratien conserve l'essentiel des règles édictées depuis les premiers temps de l'Église. Somme de l'ancien droit, il conserve le riche héritage d'un millénaire, dans la diversité de ses sources. Les trois autres collections sont profondément différentes. Toutes trois ont été voulues par la papauté (Grégoire IX, Boniface VIII, Clément V) ; toutes trois ont été officiellement promulguées par elle ; toutes trois réunissent du droit récent *(ius novum),* celui que formulent les décrétales (avec quelques exceptions pour les Décrétales de Grégoire IX) ou les canons du concile de Vienne (pour les Clémentines).

Ce sont ces quatre collections que nous aurons ici à envisager. Mais, parce que deux d'entre elles sont constituées essentiellement de décrétales, il faudra d'abord rappeler d'autres collections de décrétales, donc celles de Grégoire IX ont bénéficié. On dira, pour terminer, quelques mots de deux collections ajoutées par la suite à l'ensemble officiel, deux séries de décrétales *extravagantes.* Nous aborderons donc trois points : le Décret de Gratien, les premières collections de décrétales, l'achèvement du *Corpus iuris canonici.*

A. LE DÉCRET DE GRATIEN

La place de choix qu'occupe le Décret de Gratien dans l'histoire des sources du droit canonique, les mystères de son élaboration, l'exceptionnelle richesse des sources qu'il apporte ont suscité d'innombrables études. Toutes ne sauraient être mentionnées ici. On en indiquera quelques-unes, parmi les plus récentes et les plus importantes, avant de donner un aperçu sur les multiples questions que soulève le Décret.

Bibliographie.

1. Orientation générale.

J. Rambaud-Buhot, HDIEO, t. VII, 51-129.

P. Landau, « Gratian », *Theologische Realencyclopädie,* XIV, 1985, 124-130.

St. KUTTNER, « Gratien, canoniste du XIIᵉ siècle », *Dictionnaire d'histoire et de géographie ecclésiastiques*, XXI, 1986, 1235-
1239.

Depuis les années trente deux historiens du droit canonique
ont apporté une contribution essentielle à l'histoire du Décret,
St. Kuttner et A. Vetulani. Certains de leurs articles ont été
publiés à nouveau dans la collection des « Variorum Reprints » :

St. KUTTNER, *Gratian and the Schools of Law 1140-1234*,
1983 (quatre articles).

— *Studies in the History of Medieval Canon Law*, 1990.

— *The History of Ideas and Doctrins of Canon Law in the
Middle Age*, 1980.

Ces publications sont accompagnées de mises à jour.

A. VETULANI, *Gratien et les Décrétales*, 1990 (dix articles).

Sur les idées de A. VETULANI, voir J. GAUDEMET, « Adam
Vetulani et le Décret de Gratien », RHD, 69, 1990, 394-399.

Les « Studia Gratiana ». À la suite du congrès de Bologne
et de Rome qui, en 1953, célébra (avec quelque retard) le
huitième centenaire du Décret de Gratien, une collection dirigée
par G. FORCHIELLI et A. STICKLER, s'est consacrée à la publication d'articles concernant le Décret (ou d'autres aspects du
droit canonique médiéval). Publiée à Bologne (t. I, 1953) puis
à Rome, cette collection, sans périodicité, compte actuellement
26 volumes.

2. Les manuscrits.

J. RAMBAUD-BUHOT, « L'Étude des manuscrits du Décret de
Gratien », Actes du congrès de droit canonique médiéval de
Louvain, 1958 ; Bibl. RHE, 33, 1959, 25-48.

De nombreuses enquêtes ont été consacrées à divers dépôts
d'archives où sont conservés des manuscrits du Décret. Elles
ont été publiées dans la collection des « Studia Gratiana ».

En particulier pour la France (t. I, III, 255-268 pour un
manuscrit toulousain), l'Espagne (t. VIII et *Études Le Bras,* t. I,
1965, 117-128), les bibliothèques de Liège (t. I), du Vatican
(t. VII), de Munich (t. VII), de Cambridge (t. VII), la Tchécoslovaquie (t. VIII), la Pologne (t. I), l'Autriche (t. VII).

Sur le classement des manuscrits, voir T. LENHERR, « Feh-
lende « Paleae » als Zeichnen eines überlieferungsgeschichtlich

jüngeren Datum von Dekret-Handschriften », *Arch. für katol. Kirchenrecht*, 151, 1982, 495-507.

3. Les éditions.

Sur l'histoire des éditions du Décret, voir les deux Mémoires qui constituent le tome VI des « Studia Gratiana », 1959 :

E. WILL, *Decreti Gratiani incunabula*, 1-280.

A. ADVERSI, *Saggio di un Catalogo delle edizioni del Decretum Gratiani posteriori al secolo XV*, 285-451.

On connaît 45 éditions incunables. La première fut donnée à Strasbourg en 1471 ; deuxième édition Strasbourg, 1472, puis Mayence 1472 ; Venise, 1474 ; Rome, 1475.

Parmi les 164 éditions relevées par A. ADVERSI de 1500 à 1955, celles de J. CHAPUIS (Paris, 1501), des *Correctores Romani*, 1582 (sur cette édition, voir A. ADVERSI, 423-427) ; de H. BÖHMER (1747) qui utilise de nouveaux manuscrits ; de J. RICHTER (1839), reproduite dans PL 187 ; de E. FRIEDBERG (1879), reproduite à Gratz (1955).

L'insuffisance de l'édition de E. FRIEDBERG est unanimement reconnue. Dans les années 1945-1955 on a songé à faire une nouvelle édition. L'impossibilité de trouver parmi les manuscrits un « Gratien primitif » et les frais de l'entreprise l'ont fait abandonner. Voir cependant T. LENHEER, « Arbeiten mit Gratians Dekret », *Archiv für katolischen Kirchenrecht*, 151, 1982, 140-166.

4. Vue d'ensemble.

St. KUTTNER, *Graziano, l'uomo, l'opera*, « Studia Gratiana », I, 1953, 17-29 *(Gratian and the Schools of Law*, Variorum 1983).

— « Zur Frage der theologischen Vorlagen Gratians », ZSS KA 23, 1934, 243-268 (Variorum, 1983).

— « Research on Gratian », *Proc. VII Cong. MCL*, Cambridge, 1984, 3-26.

G. LE BRAS, « Inventaire théologique du Décret et de la Glose ordinaire », *Mélanges Ghellinck*, t. II, 1951, 603-615.

A. VETULANI, *Le Décret de Gratien et les premiers décrétistes à la lumière d'une source nouvelle*, « Studia Gratiana », VII, 1959, 275-353 *(Sur Gratien et les Décrétales*, Variorum, 1990).

— « Autour du Décret de Gratien », *Apollinaris*, 41, 1968, et les articles reproduits dans *Sur Gratien et les Décrétales*.

R. Metz, « La Date et la Composition du Décret de Gratien (À propos des travaux de M. A. Vetulani) », RDC, 7, 1957, 62-85.

J. T. Noonan, « Gratian slept here », Traditio, 35, 1979, 145-172.

R. Metz, « Regard critique sur la personne de Gratien... d'après les résultats des dernières recherches », RSR, (Hommage A. Chavasse), 58, 1984, 64-76.

C. Mesini : « Postille sulla biografia del "Magister Gratianus" », Apollinaris, 54, 1981, 509-537.

5. Structure du Décret.

G. Rossi, « Per la storia della divisione del Decretum Gratiani e delle sue parti », Il diritto ecclesiastico, 1956, 201-310.

A. Vetulani, « Les sommaires-rubriqués dans le Décret de Gratien », Proc. III. Congr. MCL, Strasbourg, 1968 (éd. 1971), 51-57 (Sur Gratien et les Décrétales, Variorum, 1990).

J. Gaudemet, « Les Doublets dans le Décret de Gratien », La critique des textes, Atti IIᵉ Cong. intern. soc. italiana di storia del diritto, Florence, 1971, t. I, 269-290.

M. Boulet-Sautel, Les « Paleae » empruntées au droit romain dans quelques manuscrits du Décret conservés en France, « Studia Gratiana », I, 147-158.

W. Ullmann, The Paleae in Cambridge Manuscripts, « Studia Gratiana », I, 159-216.

R. Weigand, « Fälschungen als Paleae im Dekret Gratians », Fälschungen im Mittelalter, 2, 1988, 301-318.

J. Van Engen, « Observations on "De consecratione" », Proc. VI Cong. MCL, Berkeley, 1980 (éd. 1985), 309-320.

6. Les sources du Décret.

P. Landau, « Neue Forschungen zu vorgratianischen Kanonessammlungen und den Quellen des gratianischen Dekret », Ius Commune, 11, 1984, 1-29.

— « Quellen und Bedeuntung des gratianischen Dekret's », SDHI, 52, 1986, 218-235.

G. Le Bras, « Les Écritures dans le Décret de Gratien », ZSS KA, 27, 1938, 47-80.

Ch. Munier, « À propos des citations scripturaires du Décret de Gratien », RDC, 25, 1975 (Études R. Metz) 74-84.

– *La Contribution d'Origène au Décret de Gratien*, « Studia Gratiana », (*Mélanges Fransen*, t. II, 1976, 243-251) (dix-sept textes sont mis sous le nom de Jérôme).

– « Gratiani patristica apocrypha vel incerta » ; *Fälschungen im Mittelalter*, 2, 1988, 289-300 (env. 70 fragments patristiques non identifiés).

7. Le droit romain dans le Décret.

A. VETULANI, « Gratien et le droit romain », RHD, 1946-1947, 11-49.

– « Les Novelles de Justinien dans le Décret », RHD, 1937, 674-692.

– « Encore un mot sur le droit romain dans le Décret de Gratien », *Apollinaris*, 16, 1948, 129-134.

St. KUTTNER, « New Studies on the Roman Law in Gratian's Decretum », *Seminar* 11, 1953, 12-50 et 12, 1954, 68-74 (*Gratian and the Schools of Law*, 1983).

Ch. MUNIER, « Droit canonique et droit romain d'après Gratien et les décrétistes », *Études Le Bras*, t. II, 1965, 943-964.

J. RAMBAUD-BUHOT, « Le "Corpus iuris civilis" dans le Décret de Gratien d'après le manuscrit lat. nouv. acq. 1761 de la BN », *Bibliothèque de l'école des Chartes*, 111, 1953, 54-64 (cet abrégé du Décret, v. 1160-1170, n'a presque pas de droit romain. Il est cependant très fidèle à Gratien).

– « Le Décret de Gratien et le droit romain. Influence d'Ives de Chartres », RHD, 1957, 290-300.

J. GAUDEMET, « Das römische Recht in Gratians Dekret », *Österreichisches Archiv für Kirchenrecht*, 12, 1961, 177-191 (*La Formation du droit canonique*, Variorum, 1980).

W. LITEWSKI, *Les Textes procéduraux du droit de Justinien dans le Décret de Gratien*, « Studia Gratiana » IX, 1966, 65-109.

B. BASDEVANT-GAUDEMET, « Les Sources de droit romain en matière de procédure dans le Décret de Gratien », RDC, 27, 1977, 193-249.

8. Diffusion au XIIᵉ siècle.

W. HOLTZMANN, *Die Benutzung Gratians in der päpstlichen Kanzlei im 12. Jahrhundert*, « Studia Gratiana », I, 1953, 325-349.

9. Les abrégés.

J. Rambaud-Buhot, « Les Divers Types d'abrégés du Décret de Gratien », *Mélanges Gruel*, t. II, 1955, 397-411.

— « L'"Abbreviatio Decreti" d'Omnebene », *Proc. VIᵉ Cong. MCL*, Berkeley, 1980 (éd. 1985), 93-107. (L'étude de 5 des 7 manuscrits ; donne une idée de ce que put être le « Décret primitif »).

R. Weigand, « Die frühen kanonistischen Schulen und die Dekretabbreviatio Omnebenes », *Archiv für katolischen Kirchenrecht*, 155, 1986, 72-94.

— « Die Dekret Abbreviatio Omnebene und ihre Glossen », *Recht als Heilsdienst*, Paderborn, 1989, 271-287.

Sur l'abrégé de Gdansk, voir les travaux de A. Vetulani, spécialement « Le Décret de Gratien », dans le volume *Sur Gratien et les Décrétales*.

10. La critique du Décret.

Des articles sur l'apport de la critique dans les divers pays depuis le xviᵉ siècle ont été publiés dans les « Studia Gratiana ». Voir, en particulier pour la France, R. Metz, II, 483 s. ; l'Allemagne, H. E. Feine et D. Lindner, II, 465 s. et 483 s. ; pour l'Espagne, R. Bidagor, II, 529 s. ; et

A. Bertola, *La moderna critica grazianea e l'opera di Carlo Sebastiano Berardi* (III, 599-625) (Berardi fut professeur à Turin au milieu du xviiiᵉ siècle).

Le Décret : l'acquis et l'incertain.

Exposer, ne serait-ce que sommairement, les multiples questions que le Décret de Gratien pose encore aujourd'hui, dépasserait le propos de ce simple « guide ». Nous nous bornerons à donner quelques brèves indications sur les principales d'entre elles, en les regroupant sous cinq rubriques.

a. Le mystère Gratien.

D'un Gratien, auteur du Décret, on ne sait presque rien ; rien de sûr, en tout cas. Bologne s'enorgueillit de l'avoir compté

parmi les camaldules du monastère des saints Félix et Nabor.
C'est là qu'il aurait composé le Décret.

Tradition vénérable, mais peu étayée. Un Gratianus est
mentionné, à côté du juriste bolonais Gualfredus, parmi des
prudentes consultés à propos d'une sentence rendue à Venise
le 31 août 1143. Qui était-ce ? (voir K. NEUMEYER, ZSS KA,
20, 1899, 252 et E. CORTESE, *Proc. V Cong. MCL*, 1980, 117).
Robert de Torigny, abbé du Mont-Saint-Michel (1154-1184), à
la date de 1130, dit ses mérites de juriste et de « très utile
compilateur du droit » (L. DELISLE [éd.], *Chronique*, 183-184).
Mais il en fait un évêque de Chiusi. Une chronique allemande
du début du XIIIᵉ siècle signale également cette compilation de
« canons et de décrets » par le *magister Gratianus* (E. SPAGNESI,
Wernerius Boloniensis iudex, 1970, 114-124). La réputation est
donc certaine bien au-delà de l'Italie et dès la fin du XIIᵉ siècle ;
mais d'histoire sûre, peu de chose.

Chez les historiens modernes, un aveu d'ignorance (R. METZ),
une large place faite à la tradition et aux hypothèses (Stanley
CHODOROW, *Christian Political Theory*, 47-50), une prudence
modeste (P. LANDAU, SDHI, 52, 1988, 220).

b. La Concordia discordantium canonum.

Tel est le titre donné par les manuscrits à ce que l'on
appelle aujourd'hui plus communément le Décret de Gratien.
Ces manuscrits, difficiles à classer avec précision (les plus
anciens datent des dernières décennies du XIIᵉ siècle), sont très
nombreux dès le XIIIᵉ siècle et se répandent vite dans tous les
pays où le droit canonique joue un rôle important.

Pas plus que la personnalité de son auteur, la date du
Décret n'est connue. On la situe aux environs de 1140, mais
on verra plus loin que la « date » du Décret ne peut être
ramenée à une année précise.

Les années 1140 ont été contestées par A. Vetulani dès 1955
(voir surtout le gros Mémoire de cette date publié en 1959
dans les « Studia Gratiana », t. VII, (Variorum, *Sur Gratien...*).
Sa démonstration n'emporta pas toutes les adhésions
(G. FRANSEN, RHE, 51, 1956, 521-531 ; R. METZ, RDC, 7,
1957, 62-85 ; H. F. SCHMID, ZSS KA, 1957, 365-373) ; mais le

savant polonais y resta fidèle, la renouvelant et la fortifiant dans plusieurs articles ultérieurs.

Selon A. Vetulani, le Décret aurait été élaboré entre 1105 et 1120 environ. Il fait état à ce propos d'un « abrégé du Décret », conservé dans le manuscrit de Gdansk (Mar. F. 275) de l'ancienne bibliothèque municipale. Ce manuscrit est une copie, faite en Italie, d'un original, qui remonterait au milieu du XIIᵉ siècle. Paucapalea, longtemps tenu pour le premier commentateur du Décret, aurait connu la préface de cet abrégé et l'aurait utilisée dans sa Somme (vers 1148). Tenant pour des adjonctions au Décret « primitif » les citations des conciles du Latran de 1123 et de 1139, Vetulani ne retient comme élément du Décret fournissant une date *post quem* que la référence à un *libellus* de procédure daté de 1105, contenue dans le *dictum post* c. 31, C. 2, q. 6. Le Décret aurait donc été rédigé entre 1105 et 1120.

Débat savant sur quelques décennies, qui reste ouvert. La référence aux années 1140 est maintenue par J. RAMBAUD-BUHOT, (HDIEO, t. VII, 57-59).

Quant au lieu de rédaction, Bologne, défendu par une longue tradition, il garde la préférence. Rome avait été proposée par le P. PEITZ (« Studia Gratiana », I, 1953), mais n'a pas trouvé de défenseurs.

Étroitement liée à la question de la date, est celle que l'on pourrait appeler de la « fabrication » du Décret. On dira plus loin les graves différences que présentent les manuscrits les plus anciens du Décret : instabilité des textes, omissions de certains d'entre eux ou répétition du même texte (J. GAUDEMET, *Les Doublets dans le Décret de Gratien...*). Des catégories de textes (ceux de droit romain par exemple), des ensembles importants *(Paleae, De Penitentia, De Consecratione)* ont été insérés « après coup ». La forme du Décret s'est donc modifiée, progressivement enrichie au cours d'une période qui va d'une « forme primitive » (?) à celle qui deviendra le texte commun. Période dont on ne peut fixer la durée, mais qui se clôt vers 1150 (?).

Donc une formation progressive, facile sur un manuscrit que l'on peut « enrichir ». Il est en tout cas impossible, dans l'état actuel de notre information, de connaître le « Décret primitif », si tant est que cette notion ait un sens.

Ajoutons que les deux grandes parties du Décret sont

construites de façon différente : des *distinctiones* dans la première, des *causae* dans la seconde.

Tout cela ne suggère-t-il pas le travail d'une « équipe » (en ce sens déjà A. VETULANI, « Studia Gratiana », VII, 302). Chacun apportait les fruits de sa collecte. Parmi ces apports se glissaient parfois des textes déjà fournis, mis dans un autre passage du Décret par d'autres pourvoyeurs. Pour diriger le tout, sans doute un « maître d'œuvre ». Pourquoi pas Gratien ?

C'est une hypothèse parmi d'autres. Du moins aurait-elle l'avantage de faire abandonner la recherche impossible d'« un Gratien primitif », qui sous une forme « achevée » n'aurait jamais existé. Du même coup sont évacués les débats sur une date précise du Décret, en même temps que s'expliquent les doublets, les déficiences du plan d'ensemble (alors que Burchard ou Ives fournissaient des modèles), les diverses adjonctions.

Divisions. Laissons de côté la *IIIa pars, « De consecratione »*, ajoutée au Décret (l'un des plus anciens manuscrits connus du Décret — Paris, BN lat. 3884 — ne fait état que des deux *partes*, 101 *distinctiones* et 36 *causae*). On la retrouvera plus loin. Le Décret comportait deux parties, la première subdivisée en 101 *distinctiones*, la seconde en 36 *causae*. Chacune de ces *causae* débute par l'exposé d'un *casus*, presque toujours un « cas d'école », où sont accumulées les situations les plus compliquées, parfois aux limites du vraisemblable. C'est l'occasion de poser, à propos de ces imbroglios, un certain nombre de « questions ». Chaque cause (sauf très rares exceptions) se subdivise ainsi en *quaestiones*. L'influence de l'enseignement, qui partait de « cas concrets », est ici évidente. Elle n'apparaît pas au contraire dans les *distinctiones* de la *Ia pars*. Loin de se référer à des cas concrets, celles-ci présentent un caractère normatif plus accusé.

Si l'on fait confiance au décrétiste Rufin (préface de sa *Summa*, H. SINGER [éd.], p. 5), la division de la *IIa pars* en *causae* serait l'œuvre de Gratien lui-même, le terme de « cause » n'ayant peut-être été introduit qu'après lui, mais de bonne heure. La division en *distinctiones* n'est sans doute pas de Gratien (en ce sens, voir A. VETULANI, ZSS KA, 1933 ; *Sur Gratien...*, Variorum). Les plus anciens manuscrits du Décret ne connaissent pas cette division en *distinctiones* et l'« abrégé » d'Omnebene (av. 1157) n'en signale que 26. Dès le XIIᵉ siècle, la *Summa Parisiensis* et Sicard de Crémone en créditaient

Paucapalea (en ce sens, voir Fr. MAASSEN, J. F. von SCHULTE, Fr. GILLMANN, *Archiv. für katolischen Kirchenrecht*, 111, 1932).

Une division du Décret en *partes* apparaît dans le courant du XIIIe siècle. Elle s'esquisse dans le *Breviarium decretorum* de Jean de Dieu (1234-1248) et devient plus nette dans le *Rosarium* de Guy de Baysio (v. 1280-1300). Elle passera dans la glose ordinaire du Décret et sera reprise par les éditions glosées depuis 1505.

Plan. Plus difficile est de déterminer le plan suivi par le Décret pour répartir ses quelque 4 000 canons. Dès la fin du XIIe siècle, les décrétistes s'interrogeaient à ce propos. Dans la préface de sa *Summa*, Rufin indique les matières successivement abordées par le Décret. Il donne à ce propos une liste qui n'est ni complète, ni pleinement convaincante.

On a signalé quelques « fils conducteurs » : le livre V des *Étymologies* d'Isidore de Séville pour le Traité des sources, l'*Épître à Timothée* pour les qualités requises des candidats aux ordres et du futur évêque ; Alger de Liège pour la *Causa simoniacorum* ; le déroulement du procès canonique pour les *causae* 2 à 6, etc. Certains « ensembles » se dégagent. Ailleurs l'ordre est plus flou et il arrive qu'une même question soit abordée en plusieurs passages.

Les 20 premières *distinctions* traitent du droit, de sa notion, de ses catégories et de ses sources (J. GAUDEMET, « La Doctrine des sources dans le Décret de Gratien », RDC, 1, 1950, 5-31, *La Formation du droit canonique médiéval*, Variorum, 1980). Si les textes qui y sont réunis étaient depuis longtemps connus et avaient souvent figuré dans les collections canoniques antérieures, c'était une nouveauté que d'ouvrir un recueil de droit par un exposé sur les sources (mis à part quelques rares exceptions, comme les Inst. de Justinien). Le reste de la I[a] *pars* (d. 21 à 101) constitue ce que des *dicta* (par exemple, *dict. post* c. 6, C. 3, q. 1) et, après eux, certains décrétistes ont qualifié de *Tractatus ordinandorum*. Que ces 80 *distinctiones* soient consacrées aux ordres est une évidence. Mais, à ce propos, des sujets divers sont abordés, selon un ordre qui n'est pas clair : la hiérarchie (et la primauté) (d. 21-22), l'*ordinatio* (d. 23), les conditions d'accès aux ordres (d. 24-59) avec un « intermède » sur les qualités requises de l'évêque et les devoirs de sa charge (d. 41-47) et un « retour » aux conditions d'accès aux ordres (d. 56-59).

Les *distinctiones* 60 à 81 traitent principalement, mais non exclusivement, des modes de désignation des évêques et de l'ordination. Puis les *distinctiones* 81-91 reviennent sur les qualités que doit présenter l'évêque et sur ses fonctions. Les deux dernières *distinctiones* envisagent diverses questions pour lesquelles il serait malaisé de trouver un lien (obéissance à l'autorité hiérarchique, immixtions impériales, primaties, pallium, etc.).

Il est encore plus difficile de justifier l'ordre suivi dans la *IIa pars*. L'épiscopat reparaît (C. 7 à 11) et bien d'autres sujets.

Se détachent comme des ensembles assez homogènes, les *Causae* 1 (*Causa simoniacorum*), 16 à 20 (le droit monastique) et surtout le *De matrimonio* (C. 27 à 36).

Ce manque de rigueur dans l'ordre des matières surprend surtout lorsque l'on songe aux exemples qu'offraient des collections relativement mieux construites, comme celles de Burchard ou d'Ives (la Panormie). Si l'on admet que le Décret s'est formé peu à peu et qu'il est le fruit d'apports de collaborateurs divers, ce manque de rigueur dans la construction d'ensemble se comprend mieux.

Remaniements et compléments. L'examen comparatif des plus anciens manuscrits du Décret fait apparaître des différences dans l'ordre des textes, parfois des absences ou des adjonctions. Le texte du Décret a donc mis un certain temps (quelque 10 à 30 ans ?) pour se fixer. Cette stabilisation est acquise lorsque les décrétistes peuvent gloser un texte bien établi (vers 1150 ?). Sans entrer ici dans le détail de cette lente maturation, on se bornera à en mentionner les traits les plus marquants, renvoyant pour une information plus ample aux travaux cités dans la bibliographie (p. 104-108).

— Des insertions de textes que révèlent le renvoi de *dicta* à des canons séparés d'eux par ces textes ajoutés.

— Des adjonctions plus massives, par exemple la *distinctio* 73 qui ne figure pas dans les manuscrits les plus anciens et qui fut peut-être introduite par Paucapalea. Rufin (H. SINGER [éd.], p. 5) parlait d'ailleurs de 100 et non de 101 *distinctiones* (A. VETULANI, « Über die Distinktioneneinteilung », ZSS KA, 23, 1933, 347, 349, n. 6 (*Sur Gratien...*, Variorum, 1990 ; J. RAMBAUD-BUHOT, HDIEO, t. VII, 78).

— Insertion du *De penitentia* (greffé sur C. 33 q. 3), au milieu du *De matrimonio*, subdivisé en 5 *distinctiones*. Inconnu de Paucapalea, Roland et de la *Summa Parisiensis* (v. 1160), il est connu de Rufin (K. Wojtyla, *Le Traité « De penitentia »... de Gratien, dans l'abrégé de Gdansk*, « Studia Gratiana », VII, 1959, 357-390 ; J. Rambaud-Buhot, HDIEO, t. VII, 82-90).

— Adjonction du *De consecratione*, qui devient la *IIIa pars* du Décret (J. Rambaud-Buhot, HDIEO, t. VII, 90-99).

— Les *Paleae*. Parmi les adjonctions de textes les plus nombreuses et encore mystérieuses, figurent les *Paleae* (J. Rambaud-Buhot, HDIEO, t. VII, 100-114 ; A. Vetulani, « Über die Distinktioneneinteilungen und die Paleae im Dekretum Gratiani » ZSS KA, 1933, 346-370 *Sur Gratien...* (avec *Addenda*), Variorum ; M. Boulet-Sautel, *Les Paleae empruntées au droit romain dans quelques manuscrits du Décret de Gratien, conservés en France*, « Studia Gratiana », I, 147-158 ; H. Zapp, « Paleae-Listen », ZSS KA, 59, 1973, 83-111).

Le mot déjà intrigue. On en a proposé plusieurs explications (en particulier par un rapprochement, peu convaincant, avec le nom d'un des premiers décrétistes, Paucapalea). Aucune ne paraît décisive. Seul point certain : il s'agit de canons ajoutés au texte « primitif ». L'examen des plus anciens manuscrits du Décret montre que leur nombre et leur place dans le Décret ont varié. Dès le XIVᵉ siècle des listes, pas toujours identiques, en ont été dressées (elles en relèvent 121 ou 122 ; voir H. Zapp). Au XVIᵉ siècle, les *Correctores romani* en comptaient 118 ; J. Richter en donne 144 dans son édition du Décret ; E. Friedberg, 166 ; 149 pour J. Rambaud-Buhot (HDIEO, t. VII, 109).

Dans les manuscrits du Décret du XIIᵉ siècle on en trouve de 2 à 32 ; 4 à 122 dans ceux du XIIIᵉ ; 10 à 145 dans ceux du XIVᵉ. Leur nombre, variable selon les manuscrits, est donc allé croissant (les décomptes modernes ne sont pas à l'abri de toute réserve).

C'est une nouvelle preuve de l'instabilité du texte « primitif » et de la formation progressive du Décret.

Sommaires, rubriques et dicta. L'une des originalités du Décret fut de faire précéder le texte de ses canons (les *auctoritates*, comme les appelaient les docteurs médiévaux) d'un bref sommaire qui en résume le contenu et en dit l'intérêt (l'orientation doctrinale).

D'autre part, des développements plus ou moins longs relient les canons entre eux, soulignant les différences d'opinion, voire les contradictions et proposant une conciliation. Dans la *IIa pars*, au début de chaque cause, ils exposent le *casus* et disent les questions qu'il pose. L'École a rapidement qualifié ces petits exposés de *dicta Gratiani* et cette appellation leur est restée.

Rubriques et *dicta* constituent l'apport doctrinal du Décret. Ils font connaître l'opinion personnelle des rédacteurs, qui parfois diffère de celle formulée par le canon qui suit : « Liberté » de l'interprète, vis-à-vis d'un texte dont il ne partage pas le sentiment.

Ce jeu entre *auctoritates* et apport personnel de l'auteur de la compilation se rencontrait déjà dans le *Liber de misericordia* d'Alger de Liège, avec cependant moins d'ampleur que chez Gratien. Chez Alger d'ailleurs l'essentiel était souvent l'apport personnel. Les *auctoritates*, réduites à un rôle second, ne venaient qu'apporter leur poids à l'opinion soutenue par Alger.

Faut-il attribuer les rubriques à l'auteur, mystérieux, du Décret ? Depuis le XIIIe siècle, la question est posée. Johannes Andreae en créditait Paucapalea. Vetulani les attribue à l'auteur de l'abrégé de Gdansk (« Studia Gratiana », VII, 309, 313 ; Proc. III Cong. MCL, Strasbourg, 1968 (éd. 1971), 51-57 (*Sur Gratien...*, Variorum) ; hypothèse contestée par P. GERBENSON (*Tijtschrift voor Rechtgeschiedenis*, 1958), G. FRANSEN (RHE, 1961), J. RAMBAUD-BUHOT (HDIEO, t. VII, 69) et, en dernier lieu par R. WEIGAND (ZSS KA, 69, 1983, 209-220).

Des questions analogues sont posées par les *dicta* (J. RAMBAUD-BUHOT, HDIEO, t. VII, 64-69 et « L'"Abbreviatio Decreti" d'Omnebene », *Proc. VII Cong. MCL*, Berkeley, 1980 [éd. 1985], 102-103). J. Rambaud-Buhot relève 954 *dicta* dans le Décret. Leur insertion dans la compilation se fit progressivement. Il n'est pas certain que tous puissent être attribués à un même auteur.

c. Les sources.

Comme toutes les collections canoniques médiévales, le Décret a utilisé abondamment ses devanciers. Des recherches récentes (spécialement celles de P. LANDAU, *Neue Forschungen...*) montrent que le Décret n'a emprunté qu'à peu de collections et seulement aux plus récentes. Le relevé donné par E. FRIEDBERG dans son édition du Décret (XLII-LXXIV) est en réalité un relevé des concordances, non pas des « collections utilisées », comme le dit son intitulé.

Si des textes pseudo-isidoriens figurent au Décret, ils n'ont pas été pris dans les Faux eux-mêmes, mais dans des collections plus récentes qui les avaient utilisés. Pas non plus de recours à la *Dionysio-Hadriana* ou au Décret de Burchard. Les collections utilisées sont surtout italiennes, avant tout Anselme de Lucques, puis le *Polycarpus*. Utilisation également de la *Panormie* et de la *Tripartita* (mais non du Décret), surtout pour les textes patristiques. Appel aussi au *Liber de misericordia* d'Alger de Liège, aux *Sententiae magistri A,* aux *Étymologies* d'Isidore de Séville (sans doute par des extraits de l'œuvre).

Il est exceptionnel (est-ce même arrivé ?) que Gratien ait consulté directement l'œuvre qu'il cite. Il connaît les œuvres par les collections canoniques dans lesquelles il a puisé.

La nature de ces sources est variée ; avant tout les conciles et les lettres des papes ; mais aussi les auteurs ecclésiastiques (quelque 1 200 textes) et les sources juridiques séculières (voir les relevés de E. FRIEDBERG, XIX-XLI et J. RAMBAUD-BUHOT, HDIEO, t. VII, 51-64).

Deux d'entre elles méritent une attention spéciale : les sources patristiques et les sources romaines.

Depuis l'*Hibernensis* les fragments patristiques ont été largement recueillis dans les collections canoniques. L'emprunt ne porte d'ailleurs que sur la patristique latine, les textes en grec restant ignorés du premier Moyen Âge. Au Décret on en a relevé environ 2000 (Ch. MUNIER, *Les Sources patristiques dans le droit de l'Église du VIIIe au XIIIe siècle*, Mulhouse, 1957) : Ambroise, Jérôme, Grégoire le Grand, mais surtout Augustin. Ces textes ont été pris dans les collections antérieures, avant tout chez Anselme de Lucques, le *Polycarpus*, les collections chartraines. Pour le seul *De matrimonio* (C. 27 à 36), ce sont quelque 150 textes, qui ont été demandés à Augustin (84), Jérôme (29), Ambroise (27) (J. GAUDEMET, *L'Apport de la patristique latine au Décret de Gratien, en matière de mariage*, « Studia Gratiana », II, 1954, 51-71).

L'apport du droit romain au Décret a suscité plus de débats (voir la bibliographie p. 107). On s'accorde aujourd'hui à reconnaître que les textes de droit romain ont été introduits « après coup » dans le Décret (voir la « mise au point » de J. RAMBAUD-BUHOT, HDIEO, t. VII, 119-128) et par apports successifs. La place qu'ils occupent dans le Décret en est une preuve. Ils sont souvent insérés au milieu d'un ensemble de textes dont ils rompent la succession harmonieuse. Ou bien, ils sont comme « ajoutés » à la fin d'une question ou d'une distinction. À une indifférence, une ignorance ou une hostilité première a donc succédé une sorte d'engouement pour le droit romain chez les compilateurs du Décret.

De ce changement d'attitude on a proposé plusieurs explications. La plus vraisemblable s'insère dans l'hypothèse suggérée plus haut sur une lente élaboration du Décret. Auprès de ceux qui les premiers travaillèrent à la *Concordia*, le droit romain n'avait pas grand crédit. La compilation justinienne, retrouvée depuis peu, n'était pas encore bien connue et l'on ne mesurait pas l'intérêt que présentait la technique juridique romaine pour l'élaboration d'un droit canonique « savant ». On avançait, au contraire, les risques d'en invoquer l'autorité. Droit des empereurs romains, il était aussi celui de leurs successeurs germaniques. En reconnaître l'autorité scientifique, l'intégrer au Décret, ne serait-ce pas donner un argument à ceux qui voulaient imposer l'autorité des empereurs sur l'Église ? De la technique juridique on passait à l'argumentation politique, et cela en un temps où, dans la foulée grégorienne, l'Église cherchait à se libérer des intrusions impériales. Ne valait-il pas mieux ignorer le droit romain et écarter ainsi un argument dangereux ? D'où le temps du silence, auquel succédera celui de l'acceptation, parfois très généreuse et même surprenante, comme dans la *Distinction* I du *De penitentia*, qui sera insérée au Décret.

d. But et esprit.

Pourquoi un tel travail, venant après tant d'autres ? La réponse à cette question fondamentale est fournie par le titre de la compilation : *Concordia discordantium canonum.*

Le Décret de Gratien n'est pas, comme les collections qui l'avaient précédé, un simple recueil de textes. Il veut aller plus loin. À moissonner le champ immense d'un millénaire d'histoire où se pressaient des textes d'origines diverses, inspirés de courants intellectuels qui tantôt innovaient et tantôt rappelaient à l'ordre, appelés à faire face à des situations bien différentes les unes des autres, on s'exposait à accueillir des opinions multiples, parfois contradictoires. Ce péril, les compilateurs antérieurs l'avaient déjà rencontré. Ils l'avaient le plus souvent évité en opérant des choix pour ne pas juxtaposer des solutions inconciliables, sans toujours y parvenir. Et d'ailleurs, à supposer chaque collection « homogène », les contradictions apparaissaient lorsque l'on en consultait plusieurs ! À qui se fier alors, quelle autorité invoquer, quand, administrateur ou juge, il fallait trancher ?

Incertitude du droit, contrariété des opinions, concile contre concile, docteur contre pasteur ; on mesure l'embarras des évêques et plus encore celui de leur clergé, peu ou mal formé.

Dans cette discordance du droit, le Décret veut apporter l'harmonie, la « concorde des canons discordants ». Il le fait en classant les textes, en les regroupant selon leurs opinions *pro* ou *contra*. Puis, après avoir noté les discordances, il propose une solution, une conciliation, un choix pour ou contre, ou une « troisième voie ». Tel est le propos de beaucoup de *dicta*.

À la richesse de 4 000 *auctoritates* s'ajoute la pacification qu'apporte le savant. Nouveauté d'importance. Elle assurera le succès du Décret.

Une telle innovation supposait la naissance d'une réflexion doctrinale, le progrès d'une pensée logique, l'apport de la dialectique, en bref, un monde nouveau d'esprit critique. Sans le « Prologue » d'Ives de Chartres (écrit pour la Panormie ?) et le « *Sic et non* » d'Abélard, l'auteur du Décret n'aurait pas disposé des méthodes d'interprétation (selon les temps, les lieux, les auteurs, les situations, etc.) qui lui permirent de concilier les inconciliables (voir G. LE BRAS, « Progrès théoriques et pratiques des méthodes d'interprétation », *Coll.* II, 334-352).

e. Le succès.

Simple compilation privée d'un auteur inconnu dont on fit un personnage, lentement mûri et enrichi d'apports successifs, le Décret de Gratien connut rapidement un succès mérité. Dès les années 60 du XIIᵉ siècle, il est utilisé en France, en Angleterre, dans les pays rhénans. L'abondance des manuscrits, en attendant celle des éditions, témoigne de ce succès.

Une tradition bolonaise, dont la *Rhetorica novissima* d'un élève de Bologne, Boncompagnus, se fait l'écho dès avant 1235, voudrait que la *Concordia* ait été *per sacrosanctam romanam ecclesiam approbata*. John Noonan (« Was Gratian approved at Ferentino », BMCL, 6, 1976, 15-27) a supposé que cette « approbation » aurait pu être donnée par Eugène III, à Ferentino, entre septembre 1150 et mai 1151. L'hypothèse reste fragile. Plus qu'à une confirmation romaine, c'est au consensus des docteurs (et à ses mérites propres) que le Décret doit son autorité. C'est à elle que se réfèrent les « facultés de Décret », en se mettant sous son patronage pour enseigner le droit canonique. Malgré le succès et l'autorité officielle dont bénéficieront bientôt les collections de décrétales, le Décret restera le premier recueil de ce *Corpus iuris canonici* qui, jusqu'en 1917, servira de code à l'Église latine.

B. LES COLLECTIONS DE DÉCRÉTALES
D'ALEXANDRE III (1159-1181)
À GRÉGOIRE IX (1234)

Bibliographie.

J. Hanenburg, « Decretals and Decretal Collections in the Second Half of the XII Century », *Tijtschrift voor Rechtgeschiedenis*, 1966, 522-599.

H. Boese, « Über die kleine Sammlung gregorianischer Dekretalen des Raymondus de Penyafort », *Archivium fratrum Predictatorum*, 42, 1972, 69-80.

St. CHODOROW, « A Group of Decretals by Alexander III »,
BMCL, 1973, 51-61.

Ch. DUGGAN, *Twelfth Century Decretal Collections*, Londres,
1963.

W. HOLTZMANN, R. CHENEY, M. CHENEY, *Studies in the Collections of Twelfth Century Decretals* « Monumenta iuris canonici », Series B, 3, Rome, 1979.

W. HOLTZMANN, St. CHODOROW », Ch. DUGGAN, *Decretales
ineditae saec. XII, ibid.*, 4, 1982.

Ch. DUGGAN, « The Becket Dispute and Decretal Collections », *Collected Studies*, Londres, 1982 (recueil d'articles).

— « "Improba pestis falsitatis", Forgeries and the Problem
of Forgery in twelfth Century Decretal Collections », *Fälschungen im Mittelalter*, 2, 1988, 319-361.

P. LANDAU, « Dekretalensammlungen des 12. und beginnenden 13. Jahrhunderts », ZSS KA, 68, 1982, 453-461 (à propos
des papiers de W. HOLTZMANN, ci-dessus).

Une opinion longtemps dominante estimait qu'il n'y avait
pas eu de collection de décrétales de portée générale avant
la *Compilatio Ia*. Les recherches des quarante dernières années
ont fait connaître, en dehors de collections de décrétales, qui
se présentent comme des appendices au Décret (entre 1170
et 1185), des collections systématiques composées le plus souvent
en France ou en Angleterre dans les années 1180-1190. Leur
importance a été mise en relief par P. LANDAU (« Die Entstehung der System. Dekretalensammlungen », ZSS KA, 66,
1979, 120-149). Depuis cet article, plusieurs publications ont
confirmé l'ampleur du travail de collecte des décrétales.

Notion et autorité.

Voir G. FRANSEN, *La Décrétale et les collections de décrétales*,
« Typologie des sources du Moyen Âge occidental », 1972.

Définition d'Huguccio (suivant probablement Sicard de Crémone) : *Decretalis epistola est quam Dominus Apostolicus alieni
super aliqua causa dubitanti et ecclesiam Romanam consulenti
rescribit.*

Discussion entre les canonistes de la fin du XIIᵉ siècle sur le point de savoir si les décrétales pouvaient aller contre les canons. Débat rapporté par la *Summa « Et est sciendum »*.

Certains les disent subordonnées aux canons, arg. CTh. 1, 2, 2 (Brev. 1, 2, 1 ; Constantin, 315) : *contra ius rescripta non valeant*.

Dans le même sens, voir Johannes Faventinus, Étienne de Tournai.

La *Summa « Et est sciendum »* (v. 1181-1185) est d'un autre avis : si le pape va contre les canons par une décrétale, c'est qu'il veut y déroger, *« quod ei licet »*. Arg. : le pape a l'interprétation et la dispense des canons (C. 1, q. 5, c. 1). C'est également l'opinion d'Huguccio (à la suite de la *Summa monacensis*).

a. Premières collections de décrétales.

L'intense activité des papes surtout depuis Alexandre III (1159-1181), de grandes assemblées conciliaires (Latran III, 1179 et IV, 1215) suscitent la composition de collections de décrétales et de canons conciliaires, œuvres non officielles, souvent anonymes.

Peu après 1179, on peut distinguer un « centre romain » et des « familles » française, italienne et surtout anglaise (la plus riche).

A. Vetulani ne croyait pas à une utilisation systématique des registres des papes (Actes du 1er Congrès de droit canonique, Louvain, 1958) − Opinion différente de W. Holtzmann.

La *Collectio Parisiensis IIa* (1177-1179), en 95 titres, est parfois considérée comme annonçant déjà le plan qu'adoptera la *Compilatio Ia*, et qui devait rapidement s'imposer (plan systématique).

Plus de la moitié de ses canons sont empruntés à des décrétales antérieures à Gratien. Un quart des canons sont des textes conciliaires.

J. Hanenburg (*Tijdschrift voor Rechtgeschiedenis*, 36, 1966) tient cette collection pour un complément au Décret de Gratien. Il conteste son attribution à Bernard de Pavie (qu'après J. F. von Schulte et E. Friedberg, conserve Ch. Lefebvre). Hésitations de P. Landau, *Nozione di legge*, Atti VIIe coll. romano-canonistico, Latran, « Utrumque ius », 20, 1989, 270.

1. – Collections de décrétales du XIIe siècle analysées par W. HOLTMANN, *Studies in the Collections...*, 8-207.

Collectio Alcobacensis Ia (Lisbonne, bibl. nat. cod. Alcob. 144).

Ch. DUGGAN (« Decretals of Alexander III to England », *Rolando Bandinelli, Papa Alessandro III*, Sienne, 1986, 87-151) analyse les textes de la Collectio Alcobacensis (1161-1179).

Une centaine de décrétales d'Alexandre III, plus Latran III (1179). Utilise dans sa seconde partie (depuis c. 50) une collection d'origine anglaise.

Collectio Victorina Ia (vient de Saint-Victor, BN lat. 14938). 146 chapitres, décrétales d'Alexandre III. Famille française.

Collectio Ambrosiana (Milan, Arch. cap. Saint-Ambroise M 57).

Composée en Italie vers 1200. Des décrétales d'Alexandre III ; canons des conciles de Tours et de Latran III ; mais aussi des textes de papes avant Gratien, donc rejoint un peu les suppléments au Décret.

Collectio Florianensis (bibl. du monastère de Saint-Florian). 172 chapitres des décrétales d'Alexandre III, des textes de Latran III et des textes plus anciens.

Collectio Duacensis (Bibl. munic. de Douai, ms 590).

Collectio Cusana (italienne, ap. 1179) (bibl. hôpital de Cues). 208 chapitres ; essentiellement Alexandre III, Latran III, Tours : 15 textes prégratiens ; 208 canons au total.

Collectio Dunelmensis Ia (bibl. cath. de Durham) importante.

Collectio Fontanensis (Oxford, Bodleian Library).

Appendix concilii Lateranensis (1181-1185).

Un manuscrit édité par P. CRABBE dans les *Concilia*, perdu. Manuscrits : Lincoln, Leipzig, Vienne.

Origine italienne ou anglaise. Première collection à avoir un plan systématique qui sera repris par la *Compilatio Ia*.

Un manuscrit Oxford Oriel College 53, dit *Collectio Orielensis*, représente un état intermédiaire entre l'*Appendix* et *Bambergensis*.

Collection BN lat. 3922 A, avec une :

Collectio Rotomagensis Ia (BN lat. 3922 A f°s 148-167).

Découverte par St. KUTTNER qui l'avait appelée *Parisiensis IIIa*.

Collection méthodique en 31 titres (sans plan logique) ; textes d'origines diverses.

Collectio Cantabrigensis, collection de décrétales d'Alexandre III dans un manuscrit de Trinity College (Cambridge).

E. FRIEDBERG, *Canonessammlungen*, Leipzig 1897 (reproduit à Gratz, 1958, 5-21).

K. PENNINGTON, « Epistolae Alexandrinae », *Rolando Bandinelli, Papa Alessandro III*, Sienne, 1986, 339-353.

Collectio Brugensis. E. FRIEDBERG, *Canonessamlungen*, 143 s. et en dernier lieu :

L. FALKENSTEIN, « Decretalia Remensia », *Rolando Bandinelli*, 155-216 ; analyse le manuscrit Arras 964.

La collection réunit des décrétales d'Alexandre III.

Origine rémoise.

– Collection de décrétales, fin XIIᵉ-début XIIIᵉ siècle.

W. HOLZMANN, *Studies...*, 214-299.

Des collections de décrétales, surtout de l'époque de Clément III et Célestin III (1187-1198), avec quelques décrétales d'Alexandre III (1159-1181) et des premières années d'Innocent III. Certaines sont des compléments à la *Compilatio Ia* (vers 1192), d'autres, plus riches, en sont indépendantes.

Victorina IIa (vient de Saint-Victor) BN lat. 14610 fᵒˢ 175-179). 19 décrétales de Clément III et de Célestin III.

Claravallensis Ia.

27 canons, pas systématique.

Lambethana (bibl. Lambeth Palace, Londres).

Alcobacensis IIa (bibl. nat. Lisbonne).

49 chapitres, dont 27 d'Innocent III ; petite collection qui fait suite à un texte de la *Compilatio Ia*.

Collectio Dertusensis IIa (manuscrit Bibl. capit. Tortosa).

50 chapitres, peut-être de l'abbaye de Ripoll.

Claravallensis IIa.

75 chapitres. La dernière décrétale citée est du 12 décembre 1198.

Berolinensis IIa.

50 chapitres.

Lucensis (Bibl. capit. Lucques).

124 chapitres dont 12 d'Innocent III, publiée par J. B. MANSI, dans E. BALUZE, *Miscellanea* (2ᵉ éd.).

Monacensis.

114 chapitres dont 19 d'Innocent III (dernier texte 6 mai 1199) ; pas systématique.

Halensis (bibl. univ. Halle).

90 chapitres ; dernière décrétale : décembre 1202 ; pas systématique.

Cracovensis, liasse de décrétales réunies en vue d'une publication ultérieure.

Voir A. VETULANI, *Studia Zrodloznawcze*, 8, 1963, 49-82.

Seguntina (bibl. cap. de Seguenza).

La plus intéressante du groupe ; voir W. HOLZMANN, « La Collectio Seguntina et les décrétales de Clément III et de Célestin III », RHE 50, 1955, 401-453.

Bambergensis IIa, 20 décrétales d'Innocent III dans un manuscrit de Bamberg, postérieures à la *Compilatio IIIa* (de décembre 1210 au 28 mars 1215).

Voir St. KUTTNER, « Medievalia et Humanistica », nouvelle série, I, 1970, 41-56 (*Medieval Councils and Decretals Collections*, Variorum, 1980).

Deux *collections de Valenciennes*, de 1205-1210.

Voir G. FRANSEN, ZSS KA, 56, 1970, 388-394.

b. Les cinq « Compilationes antiquae ».

Édition E. FRIEDBERG, Leipzig, 1882 (reproduction Gratz, 1956).

— *Compilatio Ia.*

G. FRANSEN, « Les Diverses Formes de la "Compilatio Ia" », *Mélanges Van Cauwenbergh*, 1961, 235-253.

Collection privée, composée par Bernard de Pavie.

Sa date est discutée : pas avant mars 1192 selon Ch. LEFEBVRE, HDIEO, t. VII, 228.

A. VETULANI (« Deux intéressants manuscrits de la "Compilatio Ia" », *Traditio*, 1950, 605-611 ; *Sur Gratien et les Décrétales*, Variorum, 1990) estimait que la forme première de la *Compilatio Ia* « n'avait pas de décrétales de Clément III (1187-1191) et donc datait au plus tard de 1187. »

G. FRANSEN conteste cette opinion (« La Tradition manuscrite de la "Compilatio Ia" », *Proc. II Cong. MCL*, Boston, 1963 ; éd. Rome, 1965, 55-63). Il est suivi par St. KUTTNER « The Fourfh Lateran Council », *Traditio* 20, 1964, 117, note (*Medieval Council*, Variorum, 1980).

La collection connut immédiatement un grand succès ; nouvelle édition entre 1192 et 1198.

Environ 900 fragments, dont 517 tirés des décrétales d'Alexandre III et provenant peut-être du registre du pape, Bernard travaillant à la curie. 30 chapitres de Lucius III (1181-1185), 20 d'Urbain III (1185), 2 de Grégoire VIII, 3 de Clément III († 1191).

70 % des textes sont des décrétales ; 28 % des canons conciliaires, le plus souvent antérieurs à Gratien ; 2 % des lois séculières.

Bernard ne retient que des textes juridiques et en supprime la partie narrative, ce qui accentue la séparation de la théologie et du droit canon. Bernard de Pavie a inséré dans sa compilation 19 textes tirés de la Bible (surtout de l'Exode et du Lévitique). L'auteur reconnaît lui-même qu'ils formulent souvent des prescriptions contraires à celles du droit canonique. (Voir P. LANDAU, *Alttestamentisches Recht in der « Compilatio Ia »*, « Studia Gratiana », XX : *Mélanges Fransen*, t. II, Rome, 1976, 113-133, qui conteste l'importance attribuée à ces textes par G. LE BRAS).

La compilation est divisée en cinq livres, ce qui restera le plan des collections de décrétales *(judex, judicium, clerus, connubia, crimen)*.

La *Compilatio Ia* sera rapidement commentée et glosée (Bernard de Pavie lui-même, Alain l'Anglais, Vincent d'Espagne, Richard l'Anglais).

D'autres collections de décrétales plus ou moins vastes, parfois faites à partir des registres des papes sont composées dans les premières années du XIIIe siècle. On peut citer parmi elles :

Collection de 123 décrétales d'Innocent III, par Rainier de Pompose (fin 1201).

Collection de Gilbert, de 258 décrétales d'Alexandre III à Innocent III (1202-1203).

Collection d'Alain l'Anglais, de 412 décrétales réparties en 484 chapitres (1206). Cette collection et celle de Gilbert seront les sources de la *Compilatio IIa*.

Compilatio romana de Bernard de Compostelle l'Ancien ; 101 décrétales d'Innocent III de 1198 à 1208.

— *Compilatio IIa* de Jean de Galles (1210-1212).

L'auteur réunit des textes postérieurs à la *Compilatio Ia*, qui ne figuraient pas dans la *Compilatio IIIa*. Il utilise les deux collections systématiques de Gilbert et d'Alain. Jean de Galles glosera cette *Compilatio*.

— *Compilatio IIIa* de Pierre de Bénévent.

Elle réunit en 482 chapitres des Décrétales d'Innocent III. On en connaît 21 manuscrits entre 1218 et 1234. La collection fut élaborée en plusieurs étapes et le texte fut revu et complété par Johannes Teutonicus.

La *Compilatio IIIa* n'est pas, comme on l'a cru pendant longtemps, la première collection officielle, qui aurait été composée à l'instigation d'Innocent III. C'est une collection privée, dont Innocent III dira simplement que les décrétales réunies par Pierre de Bénévent figuraient dans les registres pontificaux (voir K. PENNINGTON, « The Genesis of Compilatio IIIa », *Proc. V Cong. MCL*, Salamanque, 1976 [éd. 1980] 67-92).

Les textes les plus récents qui y figurent sont des décrétales des 30 avril et 29 juin 1209.

Sur une recension française de la *Compilatio IIIa*, K. PENNINGTON, BMCL 5, 1975, 53-71.

La compilation sera glosée par Johannes Teutonicus et par Vincent d'Espagne.

— *Compilatio IVa* de Jean le Teutonique, publiée en 1216. Mais, devant le refus d'Innocent III de lui donner un caractère officiel, elle ne s'imposera que vers 1220.

La compilation contient 69 des 70 (71) constitutions du IVe concile de Latran (1215). Elle omet les chapitres 42 sur la juridiction séculière et 71 sur la croisade. On y trouve en outre 104 Décrétales d'Innocent III, dont 60 postérieures à 1210.

St. KUTTNER, « Johannes Teutonicus, das vierte Lateran Konzil und die Compilatio IVa », Miscellanea Mercati, V « Studi e Testi », 125, 1946, 608-634 (*Medieval Council*, Variorum).

— *Compilatio Va*, composée par Tancrède sur l'ordre d'Honorius III ; publiée en 1226 ; elle est la première à avoir valeur officielle. Gloses de Johannes Teutonicus et de Tancrède.

L. E. BOYLE, « The "Compilatio Va" ad the Registers of Honorius III », BMCL VIII, 1978, 9-20.

C. L'ACHÈVEMENT DU « CORPUS IURIS CANONICI »

1. Les Décrétales de Grégoire IX (1234).

St. Kuttner, « Raymond of Peñafort as Editor : The "Decretales" and "Constitutiones" of Gregory IX », BMCL, 12, 1982, 65-86 (*Studies in the History of Medieval Canon Law*, Variorum, avec compléments).

La multiplicité des collections de décrétales, le caractère privé de la plupart d'entre elles, l'insuffisance de chacune, prise isolément compliquaient le travail des canonistes. Ceux-ci ne disposaient pas d'un ensemble de textes comparable au *Corpus iuris civilis*, qui faisait l'orgueil des romanistes.

En 1231 la publication par Frédéric II des Constitutions de Melfi attestait l'intérêt que l'on attachait à une codification du droit. Dès 1230, Grégoire IX avait chargé le canoniste dominicain Raymond de Peñafort de réunir en un seul volume l'essentiel des décrétales en éliminant les éléments superflus. En 1234, le travail était achevé et officiellement publié par envoi à l'université de Bologne (bulle du 5 septembre 1234).

Le titre officiel restait *compilatio*. Hostiensis parle de *Compilatio nova, Liber decretalium, Liber extravagantium*. On y verra le complément au Décret de Gratien d'où *Extra Decretum Gratiani* (abréviation par la lettre X). L'appellation qui prévaudra sera celle de Décrétales de Grégoire IX.

Le plan (5 livres, 185 titres) est repris à la *Compilatio Ia* (avec parfois des modifications dans les intitulés). La collection compte environ 2 000 chapitres (appelés en général constitutions) dont 1 756 viennent des cinq *Compilationes antiquae* et 195 sont des constitutions de Grégoire IX. Environ 13 % des textes sont antérieurs au Décret de Gratien. Les textes recueillis sont essentiellement des décrétales, parfois morcelées en plusieurs passages (13 pour la décrétale *Pastoralis* d'Innocent III). Mais on trouve aussi des canons conciliaires (surtout les 27 canons de Latran III et 68 des canons de Latran IV), quelques textes patristiques et des lois séculières (droit romain et droit germanique).

2. De 1234 à 1296.

Voir Ch. LEFEBVRE, HDIEO, t. VII, 243-247.

L'activité législative des papes (surtout d'Innocent IV, le canoniste Sinibaldus Fiescus) et des deux conciles de Lyon (1245 et 1274) suscitèrent la composition de nouvelles collections pour compléter les Décrétales de Grégoire IX.

— Sous Innocent IV (P. J. KESSLER, « Untersuchungen über der Novellen. Gesetzgebung Papst Innocenz IV », ZSS KA, 1942, 1943, 1944) à l'occasion du concile de Lyon de 1245.

Une première collection de vingt-deux chapitres (qui ne retenait pas les constitutions d'objet non strictement juridique), répartis en 15 titres, publiée par envoi aux universités de Paris et de Bologne par bulle du 25 août 1245.

Une *Collectio IIa* de douze textes (dont 10 de la constitution *Romana ecclesia* sur les pouvoirs des métropolitains du 17 mars 1246), envoyée aux universités par bulle du 21 avril 1246.

Une *Collectio IIIa* (*Collectio Ia* + *IIa* + 8 chapitres) envoyée à l'archidiacre de Bologne le 9 septembre 1253. Cette collection (sauf son canon 2) passera au Sexte.

— Diverses collections privées de décrétales d'Alexandre IV, Urbain IV, Clément IV (1254-1268).

— Une collection officielle (les *Novissimae*) faite sur ordre de Grégoire X après le second concile de Lyon (1274) contient les décrets du concile et quelques constitutions de Grégoire X (au total 31 chapitres). Elle fut envoyée aux universités de Bologne, Paris et Pavie.

— Une collection officielle de cinq décrétales (réparties en 7 titres) de Nicolae III (1280).

— Des collections privées de décrétales (environ 150) de la période 1280-1296.

3. Le Sexte (1298).

En 1296, Boniface VIII charge une commission pontificale (Guillaume de Mandagout, Bérenger Fredol, Richard Petroni de Sienne) de réunir les textes législatifs essentiels parus depuis 1234. La nouvelle compilation fut appelée *Liber Sextus* (abréviation : VIe ou S.) parce qu'elle complétait les cinq livres des

Décrétales de Grégoire IX. En réalité, il s'agit d'une collection nouvelle, qui se divise elle-même en 5 livres, selon le plan des Décrétales de Grégoire IX.

Deux tiers des textes sont des constitutions de Boniface VIII (qui n'était pape que depuis 1294). On y trouve en outre 40 des 41 chapitres de la *Collectio IIIa* d'Innocent IV et des canons du second Concile de Lyon, venus par les *Novissimae* de Grégoire X. Les textes ont subi d'importants remaniements pour être mis à jour. Le Sexte comprend 76 titres (359 chapitres). Y furent adjointes 88 *regulae iuris*.

La publication fut faite par envoi aux universités de Bologne et de Paris (bulle *Sanctae romanae Ecclesiae* du 3 mars 1298).

4. Les Clémentines (1317).

En mars 1314, Clément V avait prescrit la promulgation d'un nouveau recueil, dont l'objet devait être de répartir, selon le plan des Décrétales de Grégoire IX, les canons du récent concile de Vienne (1311-1312). Peu après, le pape mourait. Le recueil ne fut publié qu'en 1317 par Jean XXII (bulle du 25 octobre envoyée aux universités de Bologne et de Paris). Des remaniements importants, souvent difficiles à évaluer, ont été apportés aux canons de Vienne pendant la préparation de l'édition. La collection est connue sous le nom de Clémentines. Divisée en 5 livres, elle compte 52 titres et 106 chapitres. 38 seulement ont pour origine des canons de Vienne.

Relevé et étude des manuscrits par J. TARRANT, « The Manuscripts of the Constitutiones Clementinae », ZSS KA, 70, 1984, 67-133 et 71, 1985 ; 76-146.

5. Les compilations privées du XIVᵉ siècle.

Les Clémentines n'avaient pas donné toutes les constitutions récentes d'importance. C'est ainsi que la bulle *Unam Sanctam* ne sera insérée que dans les *Extravagantes Communes* 1, 8, 1. Aussi des collections privées furent-elles composées au XIVᵉ siècle.

En 1319, Guillaume de Montlauzun, professeur de droit à

Toulouse, glose trois constitutions de Jean XXII, en complément à son *Apparatus* des Clémentines :
- *Sedes apostolica* du 30 octobre 1317 (*Ext. Jo.* IV, 1 et *Ext. co.* I, 6, 1) sur les exécuteurs des grâces en matière bénéficiale.
- *Suscepti regiminis* du 1ᵉʳ novembre 1318 (*Ext. Jo.* I, 2 et *Ext. co.* III, 3, 1) sur les fruits des bénéfices vacants.
- *Execrabilis* du 19 novembre 1318 (*Ext. Jo.* III, 1 et *Ext. co.* III, 2, 4) contre le cumul des bénéfices.

Dans les années 1231-1235, Jesselin de Cassagnes, professeur à Montpellier, glose à son tour ces trois constitutions et en outre 17 autres de Jean XXII, réparties par ordre chronologique (septembre 1316-novembre 1324). Publiées entre avril 1325 et mars 1327, elles sont connues sous l'appellation d'*Extravagantes de Jean XXII*.

Jean CHAPPUIS ajouta ces décrétales à son édition du *Corpus iuris canonici* de 1500, les répartissant en 14 titres avec un sommaire et la glose de Cassagnes.

Édition. J. TARRANT, « Monumenta iuris canonici », Series B, vol. 6, Vatican, 1983. L'édition utilise les nombreux manuscrits qui contiennent les *Ext. Jo.* Un double apparat critique (donnant les autres formes sous lesquelles nous sont connues ces décrétales) permet de relever les modifications qui leur furent apportées lors de leur insertion dans la collection.

Une autre collection d'*Extravagantes*, dites *Extravagantes communes* est l'œuvre de Jean CHAPPUIS, qui, dans son édition du *Corpus iuris canonici*, réunit 74 décrétales (70 dans la première édition) données par la papauté entre 1295 et 1483.

1 décrétale de Martin IV sur les ordres mendiants, 11 décrétales de Boniface VIII, 6 décrétales de Benoît XI, 6 décrétales de Clément V, 33 décrétales de Jean XXII, 2 décrétales de Benoît XII, 1 décrétale de Clément VI et quelques décrétales postérieures (la plus récente étant de 1483).

Reprises par Grégoire XIII pour l'*Editio romana*, les deux collections d'*extravagantes* n'en reçurent pas pour autant une reconnaissance officielle de Rome, leur donnant valeur authentique.

Il n'en demeure pas moins qu'elles contiennent quelques-unes des décrétales les plus importantes du début du XIVᵉ siècle. Elles sont relatives à des questions cruciales à cette époque : le cumul des bénéfices *(Execrabilis)*, la perception de leurs revenus *(Suscepti regiminis)* ; la vie religieuse *(Sancta Romana)*, la pauvreté *(Cum inter nonnullos)*, la règle franciscaine *(Quorundam exigit)*, etc.

Jean Chappuis répartit ces textes en 5 livres, 35 titres, 70 chapitres. L'édition de 1503 y ajouta les décrétales glosées par Guillaume de Montlauzun, donc un total de 74 chapitres.

Le *Corpus iuris canonici* de l'*Editio romana* de 1583 fut ainsi formé du Décret de Gratien, des Décrétales de Grégoire IX, du Sexte, des Clémentines, des *Extravagantes* de Jean XXII, des *Extravagantes communes*.

La doctrine

Bibliographie.

G. LE BRAS, Ch. LEFEBVRE, J. RAMBAUD, HDIEO, t. VII, *L'Âge classique. Sources et théorie du droit*, Paris, 1965.

St. KUTTNER, *Repertorium der Kanonistik, 1140-1234*, 1337 ; Ristampa, Vatican, 1973. (Inventaire de la littérature canonique, essentiellement manuscrite, à l'exclusion des monographies.)

Les chroniques annuelles du BMCL, dans *Traditio* de 1955 à 1970. Publication indépendante depuis 1971, Berkeley, Institut of Medieval Canon Law.

St. KUTTNER, « Les Débuts de l'école canoniste française », SDHI, 4, 1938, 193-204 (*Gratian and the Schools of Law,* Variorum).

– « Anglo-Norman canonists of the Twelfth Century », *Traditio*, 7, 1949-1951, 279-358 (*Gratian and the Schools of Law,* Variorum).

S. MOCHI-ONORY, *Fonti canonistiche dell'idea moderna dello Stato*, Milan, 1951, 37-59.

B. TIERNEY, *Foundations of the Conciliar Theory*, Cambridge, 1955, Appendice III, 254-263 (brèves notices par ordre alphabétique).

A. GARCIA Y GARCIA, *Estudios sobre la canonistica portuguesa medieval*, Madrid, 1976.

–, « La canonistica iberica (1150-1250) », BMCL, 11, 1981, 41-75.

B. A. RODRIGUEZ, « Entorno a los canonistas medievales salamanticos », *Proc. V Cong. MCL*, Salamanque, 1976 (éd. 1980), 267-296.

A. GOURON, « Une école ou des écoles ? Sur les canonistes français (v. 1150-v. 1210) » *Monumenta iuris canonici*, Series C, vol. 7, 1985, 223-240.

R. WEIGAND, « Frühe Kanonisten und ihre Karriere in der Kirche », ZSS KA, 76, 1990, 135-155.

G. MINUCCI, « La capaticà processuale della donna... Quiderni di « Studi Senesi » 68, 1989. Le scuole franco-renano ed anglo-normanno al tempo di Uguccione », Sienne, 1990, 1-62.

PREMIERS COMMENTAIRES DU DÉCRET

1. Le XIIᵉ siècle.

a. Sommes éditées.

— *Paucapalea.*

J. NOONAN, « The True Paucapalea ? », *Proc. V. Cong. MCL*, Salamanque, 157-186 (doutes sur l'auteur de la *Summa* publiée [éd. 1890] sous son nom).

R. WEIGAND, « Paucapalea und die frühe Kanonistik », *Archiv für katolischen Kirchenrecht*, 150, 1981, 137-157 distingue :

Summa « Quoniam », éditée par J. F. VON SCHULTE (1890) sous le nom de Paucapalea.

Summa « Sicut Vetus Testamentum ». Vers 1146-1150, composée par Paucapalea à Bologne, selon J. NOONAN, contra R. WEIGAND et St. KUTTNER, *Gratian... Retract.* sur VII, 280, n. 9.

Summa « Quadrifido ciborum », éditée par F. THANER (1874), sous le nom de *Stroma* de Roland.

— *Magister Rolandus.*

Summa (v. 1150), F. THANER (éd., 1874) qui l'attribuait à Roland Bandinelli, le futur Alexandre III.

(La *Summa* n'a ni la *IIIa pars* du Décret ni le *De penitentia*.)

Attribution aujourd'hui contestée : R. WEIGAND, « Magister Rolandus und Papst Alexander III », *Archiv. katolischen Kirchenrecht*, 143, 1980, 3-44 (*Scritti Giacchi*, t. I, Milan, 1984, 178-213 et « Glosen des Magister Rolandus », *Rolando Bandinelli...*, 391-423). La *Summa* ne serait pas du futur Alexandre III, mais d'un autre Rolandus, canoniste de Bologne, qui aurait rédigé cette *Summa* dans les années 1150 ; dans le même sens St. KUTTNER, *Gratian..., Retract.* sur VII, 281 ; J. A. BRUNDAGE (« Marriage and Sexuality », *Rolando Bandinelli...*, 61) ne prend pas parti.

— *Rufin* († 1190).
Summa, J. F. VON SCHULTE (éd.), 1892, H. SINGER (éd.) 1902.
Bibliographie.
« Rufin », *Dictionnaire de droit canonique* t. VIII, 1961, 779-784.
A. GOURON, « Sur les sources civilistes et la datation des "Summae" de Rufin et d'Étienne de Tournai », BMCL, 16, 1986, 55-70.
Rufin utilise la *Summa Trecensis*, celle de Rogerius et d'autres traités.

— *Étienne de Tournai.*
Summa (1166-1169), Édition J. F. VON SCHULTE, 1891.
Première grande œuvre de l'école française, totalement tributaire de Bologne.
Bibliographie.
H. KALB, *Studien zur « Summa » Stephans von Tournai*, 1983.
A. GOURON, « Sur les sources... ».
R. WEIGAND, « Studien zum kanonistischen Werk Stephans von Tournai », ZSS KA, 72, 1986, 349-361 (à propos du livre de H. KALB, *Studien...*).
Étienne utilise surtout Rufin et Rogerius.

— *Summa Parisiensis.*
Édition T. P. MAC LAUGHLIN, Toronto, 1952.
Œuvre maîtresse de l'école de Paris ; n'utilise ni Rufin, ni Étienne.
Date. Vers 1160 ; avant la *Summa Coloniensis*, qui s'en inspire (voir St. KUTTNER, *Gratian... Retract.*, 30).

— *Summa Coloniensis « Elegantius in iure divino ».*
Édition. G. FRANSEN, 3 volumes parus, « Monumenta iuris canonici » Series A, vol. I, 1969-1986.

Date. Vers 1169 ; influence théologique et rhétorique parisienne ; utilise Rufin et Étienne ; fait appel au droit romain. Grande diffusion.

Peut-être l'œuvre d'un clerc saxon, du diocèse de Cologne, le futur évêque de Metz Bertram (1180-1212), chanoine à Cologne vers 1170 ; St Kuttner, « Bertram of Metz », *Traditio*, 13, 1957, 501-505 ; P. Gerbenson, « Bertram of Metz, the Autor of "Elegantius in iure divino" », *Traditio*, 21, 1965, 510-511.

Sur le bref essor d'une école de Cologne, J. Fried, « Gérard Pucelle und Köln », ZSS KA, 69, 1982, 125-135.

b. Sommes non éditées.

— *Summa « Sicut Vetus Testamentum »* (un seul manuscrit à Florence).

Ne connaît que les *partes* I et II du Décret pour J. Noonan (*The True...*) qui l'attribue à Paucapalea.

Date. 1146-1150.

— *Summa « Ius aliud divinum »* (seul manuscrit Milan Ambros. H. 94, sup R. 5181).

Ne donne que D1 à 54.

Date. Entre 1148 et 1159.

— *Summa « Antiquitate et tempore »* (française).

Date. Vers 1170.

— *Somme de Jean de Faenza* (BN 14606, 14607, 14609).

Bolonaise, utilise beaucoup Rufin et Étienne.

Date. Vers 1170-1171.

— *Distinctiones Monacenses* (Westphalie).

Date. 1165/1169.

De Groot, « Probleme bei der Ausgabe der sogenannte "Distinctiones Monacenses" », *Proc. V, Cong. MCL*, Salamanque, 1976, 187-194.

— *Summa Monacensis* (d'influence française).

Date. Vers 1175-1178.

Grande diffusion.

W. STELZER, *Die « Summa Monacensis »*, « Mitteilungen des Inst. für öst. Geschichtsforschung », 88, 1980, 94-112.

— *Somme de Simon de Bisignano* (BN lat. 3934 A, f° 56-101).
Origine bolonaise.
Date. Vers 1177-1179.
J. JUNCKER, « Die Summa des Simon... und seine Glossen », ZSS KA, 1926, 326-500.

— *Summa Quaestionum.*
St. KUTTNER (1961) l'attribuait à Honorius, dans le même sens voir R. WEIGAND, « Bemerkungen über die Schriften und Lehren des Magister Honorius », *Proc. V Cong., MCL*, Salamanque, 1974 (éd. 1980), 195-212, qui la date des années 1188-1190.

— *Summa « De iure canonico » tractaturus.*
Attribuée à Honorius, par R. WEIGAND (*ibid.*).
Date. Vers 1287-1290.

— *Summa Elnonensis.*
Somme de procédure, commentant de la *Causa II* à la *Causa VI*.
Date. Vers 1160-1170.
G. FRANSEN, « Studia Gratiana », XIII (*Collectanea Kuttner*, t. III, 83-108).

— *Compilatio decretorum du cardinal Laborans* († 1189).
Un seul manuscrit au Vatican.
Date. Achevée le 30 avril 1182.
Veut améliorer le Décret, par une remise en ordre en 6 livres ; abrège des textes.
Utilise Rufin.
Peu de succès.

— *Somme de Sicard de Crémone* († 1215) (BN lat., 4288-4289 ; 14996).
Influence française ; composé à Mayence.
Date. Entre 1179 et 1181.

Ch. LEFEBVRE, *Dictionnaire de droit canonique*, 1961, 1008-1011.
St. KUTTNER, E. RATHBONE, *Anglo-Norman...*, 311-314 *(Gratian...)*.

— *Somme de Johannes Faventinus* († v. 1220), chanoine à Faenza.
Summa et gloses du Décret, BN lat. 14607.
Date. Entre 1170 et 1180.

— *Summa « Et est sciendum »* (début de l'école française).
Date. Vers 1181-1185.
F. GILLMANN, « Die Dekretglossen des Codex Stuttgart hist. I, 419 », *Archiv für katolischen Kirchenrecht*, 107 (1927), 192-250.

— *Summa Lipsiensis* (anglo-normande).
L'auteur écrit à Oxford ou à Paris, s'inspire des Bolonais (J. de Faenza, Simon de Bisignano, Gandulphe) et des Français.
Date. Vers 1186.

— *Summa d'Huguccio* (professeur à Bologne, v. 1178 jusqu'en 1190, puis évêque de Ferrare, 1190, † 1210 ; fut le maître d'Innocent III).
BN, lat. 3891 (incomplet), 3892 (complet).
Bolonaise.
Date. Vers 1188-1190.
A. M. STICKLER, « Uguccio di Pisa », *Dictionnaire de droit canonique*, t. VII, 1963, 1155-1162.

— *Summa Reginensis* (Vat. Reg. 1061).
Bolonaise.
Date. Peu après 1191.

Summa Bambergensis (« *Animal est substantia* »).
Dernière grande somme française du Décret.
Date. Vers 1206-1210.
Large emploi du droit romain.

c. Les « apparatus ».

Devant le grand développement des Gloses, il fut nécessaire d'opérer des choix. Les *apparatus* sont des recueils de gloses, choisies par un maître ayant autorité. Ils apparaissent à la fin du XIIᵉ siècle.

Premier *apparatus*, vers 1180 à Bologne, par un maître inconnu. Il est désigné par ses premiers mots : « *Ordinaturus Magister Gratianus* ».

Il fut largement utilisé par les *apparatus* suivants, en particulier par ceux d'Alain l'Anglais et de Laurent d'Espagne. Tous les trois furent utilisés par Johannes Teutonicus.

Sa diffusion en fit une sorte de « glose ordinaire ».

On en connaît deux recensions.

Rôle d'Huguccio dans son élaboration. Y ont collaboré Bernard de Pavie, peut-être Pierre d'Espagne, mais pas Simon de Bisignano.

Deux articles de J. KEJR, *Proc. II Cong. MCL*, Boston, 1963 (éd. 1965), 45-55. Voir aussi « Studia Gratiana », XII (*Collectanea Kuttner*, t. II, 1967, 143-164), *L'Apparat au Décret de Gratien « Ordinaturus », source de la « Summa Decretorum d'Huguccio »*.

A. M. STICKLER, *Zur Entstehungsgeschichte und Verbreitung des Dekretsapparats « Ordinaturus Magister Gratianus », ibid.*, 111-141.

R. WEIGAND, « Zur Handschriftenliste des Glossenapparat "Ordinaturus Magister Gratianus" », BMCL 8, 1978, 41-47.

—, *Huguccio, den Glossenapparat « Ordinaturus Magister Gratianus »*, Archiv für katolischen Recht, 154, 1989, 490-520.

Les *Apparatus* de Johannes Teutonicus, Vincent d'Espagne et Damase, sur les canons du IVᵉ concile de Latran ont été édités par A. GARCIA Y GARCIA, *Const. conc. IV. Lateran. una cum Commentariis glossatorum*, « Monumenta iuris canonici », Series A, vol. 2, 1981, 173-458.

R. WEIGAND, « Neue Glossenkompositionen zum Dekret Gratians und der Apparat "Ordinaturus Magister" », *Proc. VI Cong. MCL*, Berkeley, 1980 (éd. 1985), 29-38.

—, « Glossen des Magister Rolandus zum Dekret Gratians », *Rolando Bandinelli...*, 391-423.

J. KEJR, « Der Apparat zu den Klementinen von Bernardus Maynardi », BMCL, 13, 1983, 49-56.

Sur les *apparatus*, A. M. STICKLER, « La genesi degli Apparati di glose », *Atti IIe Cong. int. soc. ital. di stor. del diritto*, Florence, 1971, II, 771-781.

d. Les gloses du Décret (fin XIIe-début XIIIe siècle).

R. WEIGAND, « Glossen zum Dekret Gratians », *Ministerium Iustitiae, Festschrift H. Heinemann*, Essen, 1986, 151-159.

—, « Die anglo-normannische Kanonistik in den letzten Jahrzehnten des 12. Jahrhunderts », *Proc. VII. Cong. MCL*, Cambridge, 1984 (éd. 1988), 249-263.

—, « Die Glossen des Johannes Faventinus zur Causa I des Dekrets und ihr Vorkommen in späteren Glossenapparaten », *Archiv für katholischen Kirchenrecht*, 157, 1988, 73-107.

JOHANNES BAZIANUS, chanoine de Bologne († 1197), importantes gloses du Décret.

L'identification avec le civiliste Jean Bassien, proposée par A. BELLONI (*Tijdschrift voor Rechtsgeschiedenis*, 57, 1989, 69-85) est rejetée par A. GOURON (« J. Bassien, Bazianus et Maître Jean », *ibid.*, 59, 1991, 319-332).

— Glose « *Ecce vicit leo* », *apparatus* de gloses sur le Décret de l'école française.

Vers 1206.

« Entre la glose exégétique et le commentaire détaché du texte » (Ch. LEFEBVRE, HDIEO, t. VII, 293).

— Glose *Duacensis* (ms. Bibl. mun. de Douai, 592).

Peu avant 1210.

A. M. STICKLER, « Die "Glossa Duacensis" », *Speculum iuris et ecclesiarum* (*Festschrift Plöchl*, Vienne, 1967, 385-392).

— Glose Palatine, compilation de gloses du Décret, faite à Bologne ; utilise largement les gloses de Laurent d'Espagne.

— R. WEIGAND, « Gandulphusglossen zum Dekret Gratians », BMCL, 7, 1977, 15-48.

e. Les « quaestiones ».

B. C. Bazan, J. W. Wippel, G. Fransen, D. Jacquart, *Les Questions disputées et les questions quodlibétiques dans les facultés de théologie, de droit et de médecine*, « Typologie des sources du Moyen Âge », 44-45, 1985, où on trouvera aux pages 229-230 une ample bibliographie.

G. Fransen, « Quaestiones Vaticanae, Lemovicenses, Urgellenses », ZSS KA, 55, 1969, 437-448.

—, « Les "Quaestiones Neapolitanae" », BMCL, 6, 1976, 29-43.

—, « Les "Quaestiones Cusanae" », *Festschrift Dordett*, Vienne, 1976, 209-221.

—, « États différents d'une même question disputée », ZSS KA, 68, 1982, 136-152 ; 74, 1988, 140-167.

—, « À propos des "Quaestiones de Johannes Teutonicus" », BMCL, 13, 1983, 39-47.

—, « Les "Quaestiones diputatae" de Maître S. », *Mélanges Feenstra*, Fribourg, 1985, 331-343.

—, « Les "Quaestiones Aschaffenburgenses" », BMCL, 16, 1986, 71-86.

—, « Les "Quaestiones Lemovicenses II" », ZSS KA, 76, 1990, 156-171.

Vers 1160-1170.

BN. lat., 4720 A, f° 437-444.

—, « Quaestiones Vindobonenses », *Studia... Stickler*, Rome, 1992, 113-136.

M. Bertram, « Kanonistiche Quästionensammlungen von Bartholomeus Brixiensis bis Johannes Andreae », *Proc. VII Cong. MCL*, Cambridge, 1984 (éd. 1988), 265-281.

f. Liturgie.

Prepositus de Crémone, *Tractatus de officiis.*
Édition Corbett (1963).
Source principale du Traité de Guillaume Durand (voir p. 144).

2. Le xIIIᵉ siècle.

a. De Richard l'Anglais à Tancrède
(première génération, avant 1234).

— *Richard l'Anglais*, professeur à Bologne.
Gloses sur le Décret, gloses sur la *Compilatio Ia*, entre 1190
et 1210, *Ordo iudiciarius*.

— *Bernard de Pavie*, évêque de Faenza (1191), puis de Pavie
(1198) († 1213).
Auteur de la *Compilatio Ia* (1191), somme et gloses sur la
Compilatio Ia, Gloses du Décret, *Summa de matrimonio, Summa
de electione, Summa decretalium* LASPEYRES (éd.), Ratisbonne,
1860 (entre 1191-1198).

— *Jean de Galles*, enseigne à Bologne.
Auteur de la *Compilatio IIa* (après 1210) ; gloses sur les
Compilationes IIa et IIIa (av. 1216).

— *Alain l'Anglais*, professeur à Bologne au début du
xIIIᵉ siècle.
Probablement auteur de l'*apparatus* du Décret *Ius naturale*.
Glose de la *Compilatio Ia* (v. 1210) ; auteur d'une collection
de 412 décrétales (1206) qui servira pour la *Compilatio IIa*.

— *Raymond de Peñafort* († 1275).
F. VALLS-TABERNER, « San Ramon de Penyafort », *Litteratura
juridica*, Barcelone, 1986, 61-182.
Summa de iure canonico. X. OCHOA et A. DIEZ (éd.), Rome,
1975.
Summa de paenitentia, ibid., Rome, 1976.
Summa de matrimonio, Decretales novae, ibid., Rome, 1978.

— *Johannes Teutonicus*, professeur à Bologne († 1246).
Bibliographie.
St. KUTTNER, « Johannes Teutonicus, das vierte Lateran Kon-
zil und die Compilatio quarta, *Miscel. Mercati*, V (« Studi e

Testi », 125, Vatican, 1946), 608-634 (*Medieval Councils, Decretals and Collections*, Variorum, 1980, avec compléments).

A. GARCIA Y GARCIA, « Glosas de Juan Teutonico, Vicente Hipana y Damaso Hungaro a los arbores consanguinitatis et affinitatis », ZSS KA, 68, 1982, 153-185.

Summa sur le Décret (1210-1215).

St. KUTTNER, « Une Somme sur le Décret de Johannes Teutonicus », ZSS KA, 1932, 141-189.

Glose du Décret, « glose ordinaire » (1215-1217) révisée par Bartolomée de Brescia. Utilise *Summa* d'Huguccio, *Glossa Palatina, Apparatus* de Laurent d'Espagne.

Apparatus glossarum in Compilationem IIIa (1213-1218-1219).

Édition. K. PENNINGTON, « Monumenta iuris canonici », Series A, vol. 3, t. I (pour les deux premiers livres), Vatican, 1981.

Grande diffusion jusqu'à la parution de la glose de Tancrède sur cette compilation (v. 1220).

Auteur de la *Compilatio IVa* (publiée en 1216), qu'il glosera.

Apparatus de gloses sur les canons de Latran IV.

Édition. A. GARCIA Y GARCIA, *Const. Concilii quarti Later. Una cum Commentariis glossatorum*, « Monumenta iuris canonici », Series A, vol. 2, Vatican, 1981, 179-270.

– *Laurent d'Espagne*, professeur à Bologne au début du XIIIᵉ siècle, († 1248 ; maître de Tancrède, qui meurt avant lui, vers 1235).

Apparatus sur le Décret (1210-1215), utilisé par Johannes Teutonicus.

Gloses sur les *Compilationes* I, II, III, V.

Bibliographie. A. M. STICKLER, *Il decretista Laurentius Hisp.*, « Studia Gratiana », IX, 1966, 465-549.

– *Tancrède* (v. 1185-v. 1235).

Bibliographie. L. CHEVAILLER, *Dictionnaire de droit canonique.*

Glose ordinaire des *Compilationes* Ia, IIa, IIIa et glose de la *Compilatio Va*.

Ordo iudiciarius.

Summa de matrimonio (1210-1213), édition Göttingen, 1841.

– *William of Drogheda*, canoniste d'Oxford († 1245).

Summa aurea.

J. E. SAYERS, « William of Drogheda and the English Canonists ». *Proc. VII Cong. MCL*, Cambridge, 1984 (éd. 1988), 205-222.

b. *Les grands canonistes du milieu du siècle.*

– *Geoffroy de Trani*, professeur de droit civil à Naples et de droit canonique à Bologne, puis passe au service de la curie ; cardinal en 1244 († 1245).

Summa in titulos Decretalium (1241-1245), édition : Lyon, 1519 (reprod. Aalen, 1968).

– *Vincent d'Espagne*, professeur à Bologne, puis évêque au Portugal († 1248).

J. OCHOA, « El glosador Vincentius Hispanus », *Apollinaris*, 55, 1982, 677-736.

Gloses sur le Décret ; gloses sur les *Compilationes Ia* et *IIIa* ; *Apparatus* sur les canons du IVᵉ concile de Latran, A. GARCIA Y GARCIA (éd.) cité ci-dessus, 273-285.

Apparatus in Decret. Greg. IX, BN lat. 3967.

– *Sinibaldo Fieschi*, pape Innocent IV en 1243 († 1254).

A. MELLONI, *Innocenzo IV*, Istituto per le scienze religiose, Bologne, 1990.

Apparatus super Libros Decretalium (édition : Strasbourg, 1478).

Commentaria sur les Décrétales (v. 1251).

A. BERNAL-PALACIOS, « El "Repertorio" essistente en la biblioteca universitaria di Barcelona del "Commentario" de Innocencio IV », *Escritos del Vedat*, 18, 1988, 155-200 (édition de l'Index alphabétique de l'*Apparatus*).

– *Bernard de Parme* († 1266).

Summa sur les Décrétales (bibliothèque Sainte-Geneviève, manuscrit lat. 309).

Glose ordinaire des Décrétales (1ʳᵉ version v. 1241), remaniée jusqu'à sa mort. Édition : Lyon, 1584.

St. KUTTNER, « Notes on the Glossa ordinaria of Bernard of Parma », BMCL 11, 1981, 86-93 (*Studies in the History of MCL*, Variorum, 1990 ; avec compléments).

— *Bernard de Compostelle l'Ancien*, auteur de la *Compilatio romana* (1208) qui remplace la *Compilatio IIIa*.

Quaestiones et Gloses du Décret et de la *Compilatio Ia*.

St. KUTTNER, « Bernardus Compostellus antiquus », *Traditio*, 1, 1943, 277-340 (*Gratian and the Schools of Law*, Variorum, 1983 ; avec importants compléments).

— *Bernard de Compostelle le Jeune* († 1267).

Commentaire du livre I des Décrétales de Grégoire IX.

— *Henri de Suse*, cardinal d'Ostie, Hostiensis ; études à Bologne, enseigne à Paris, évêque de Sisteron (1244) et d'Embrun (1250).

Summa aurea sur X (1250-1261). Édition : Lyon, 1587 (reprod. anast. 1963).

Lectura in Decretales Greg. IX et *in Decretales Innocentii IV*. Édition : Venise, 1581 (reprod. anast. 1965).

In sex Decretalium libros Commentaria. Édition : Venise, 1581, 7 vol.

Sur la personne, N. DIDIER, RHD, 1953.

— *Martin de Troppau*, pénitencier et chapelain pontifical († 1278 à Bologne, bon connaisseur de la curie).

Margarita Decreti (1261/1265).

Margarita Decreti et Decretalium (seconde rédaction entre 1274 et 1278).

Bibliographie. A. BERNAL-PALACIOS, *Archiv. fratrum praedicatorum*, 61, 1991, 89-126.

c. Les grands noms de la fin du siècle.

— *Abbas Antiquus* (*Bernard de Montmajour*, où il devient abbé en 1266 ; † 1296).

Lectura super X.

Commentaire des Novelles d'Innocent IV.

— *Guillaume Durand l'Ancien* (1237-1296) (le *Speculator*), évêque de Mende en 1286.

Bibliographie.

L. FALLETTI, « Guillaume Durand », *Dictionnaire de droit*

canonique, t. V, 1953 ; Actes du congrès « Guillaume Durand », Mende, 1990 (Paris, 1992).

Connu surtout par son *Speculum iudiciale* (v. 1272 ; nouvelle recension v. 1287) ; édition : Lyon, 1547.

Rationale divinorum officiorum.

Commentaire sur les constitutions du concile de Lyon (1292-1294) ; pour la date, voir L. E. BOYLE, BMCL, 4, 1974, 39-48.

Aureum Repertorium.

Instructions et constitutions.

— *Guillaume Durand le Jeune*, son neveu et successeur à Mende en 1296 († 1328).

Tractatus de modo generalis concilii celebrandi, sur la réforme de l'Église. En fait il s'agit de deux traités réunis par les éditions successives, que C. FASOLT a qualifiés de *Tractatus Maior*, composé avant le concile de Vienne, et de *Tractatus Minor*, composé pendant le concile. Voir C. FASOLT, *Council and Hierarchy. The Political Thought of William Durant the Younger*, « Cambridge Studies in Medieval Life and Thought », Cambridge University Press, 1991.

Analyse de l'ensemble : P. VIOLLET, *Histoire littéraire de la France*, 35, 79-129.

— *Jesselin de Cassagne*, professeur à Montpellier, puis à Avignon, où il meurt en 1334.

Lectura sur le Sexte (BN lat. 4087), 1317.

Fr. CANTELAR-RODRIGUEZ, « Bernardo Raimundo y Gencelino de Cassanis », ZSS KA, 67, 1981, 248-263.

J. TARRANT, « The Life and Works of Jesselin de Cassagne », BMCL, 9, 1979, 37-66.

SECTION III. L'ÉPOQUE POSTCLASSIQUE (1350-1520)

Bibliographie.

Histoire générale.

E. DELARUELLE, E. R. LABANDE ; P. OURLIAC, *L'Église au temps du Grand Schisme et de la crise conciliaire.* A. FLICHE et V. MARTIN (éd.), *Histoire de l'Église,* t. XIV, 2 vol., Paris, 1962-1964.

Histoire du christianisme des origines à nos jours, vol. VI : *Un temps d'épreuve (1274-1449),* Paris, 1990.

Fr. RAPP, *L'Église et la Vie religieuse en Occident à la fin du Moyen Âge,* « Nouvelle Clio », 4ᵉ éd. 1991.

Aux années fastes, qui connurent les grandes assemblées conciliaires, gouvernées par les papes, l'abondante législation de pontifes juristes, qui, d'Alexandre III à Innocent IV, illustrèrent le Siège de Pierre, les immenses richesses du *Corpus iuris canonici* et les grands traités des maîtres universitaires, succède un temps où la science se fait compilation et la législation morne répétition.

Des épreuves nouvelles, d'une singulière gravité, assaillent l'Église : offensives d'États, dont la souveraineté rejette les vieux rêves d'une « chrétienté », crises internes d'une papauté « avignonnaise », bientôt du Grand Schisme et du conciliarisme.

Le canoniste ne peut ignorer ces pulsions nouvelles.

On dira d'abord ce que sont devenues législation et doctrine ; puis, sans y insister, on évoquera l'engagement des juristes dans des débats nouveaux[3].

Bibliographie. P. OURLIAC et H. GILLES, *La Période postclassique (1378-1500). La Problématique de l'époque. Les sources,* HDIEO, t. XIII, Paris, 1971.

---

3. N'envisageant que les sources canoniques du droit en Occident, nous laisserons hors de notre enquête les incidences juridiques des « grandes découvertes », le droit qu'appliquera l'Église dans les « nouveaux mondes », les « pays de mission ».

I. Législation et doctrine

A. LA LÉGISLATION

Papes, conciles et synodes restent les sources essentielles de la législation [4].

1. Législation pontificale.

Bibliographie. Voir celle donnée pages 60-65.

Les grandes constitutions pontificales interviennent le plus souvent sur des questions d'actualité. Elles s'efforcent d'apaiser les tensions ou de donner une solution aux conflits, qu'il s'agisse des ordres religieux, de la pauvreté, du régime bénéficial (voir p. 154-156), etc.

2. Conciles.

— Quatre conciles généraux dans cette période.
Vienne, 1311-1312.
Constance, 1414-1418.
Bâle-Ferrare-Florence-Rome, 1431-1445.
Latran V, 1512-1517.
Textes dans COD.
Voir aussi pages 69-72.

— Conciles particuliers.
Malgré leurs insuffisances on utilisera toujours

J. B. MANSI, *Sacrorum conciliorum nova et amplissima collectio* (ne va que jusqu'en 1439).

K. HEFELE-H. LECLERCQ, *Histoire des conciles*, Paris, 1907-1921, t. VI[2], t. VII[1] et [2], t. VIII[1].

---

4. On a déjà dit que ce volume n'envisage pas la législation particulière des ordres religieux.

Pour d'autres publications, toujours partielles, voir pages 69-71.

3. Statuts synodaux.

Aux travaux cités pages 73-76, ajouter :

M. JUSSELIN, « Statuts synodaux et constitutions synodales du diocèse de Chartres au XIVᵉ siècle, RHD », 1929, 69-108.

A. ARTONNE, « Les statuts diocésains d'Arles de 1410 à 1570 », RHEF, 1955, 76-84.

B. JACQUELINE, « Les Synodes du diocèse de Rome avant Trente », RHD, 1961, 304-307.

J. CHOUX, « Les Statuts synodaux des diocèses lorrains », *Ann. de l'Est*, 18, 1966, 115-126.

J. WERCKMEISTER, *Les Capitulaires des évêques de Strasbourg du XIIIᵉ siècle au milieu du XVᵉ siècle*, « Archives de l'Église d'Alsace », 37, 1974, 21-45.

B. LA DOCTRINE

Bibliographie. Voir la bibliographie donnée pages 131-132 et ajouter A. GARCIA Y GARCIA, *La canonistica española post-classica*, « Studia Gratiana », XIX (*Mélanges Fransen*, t. I, Rome, 1976, 227-251).

« Le droit canonique du XVᵉ siècle imite beaucoup et invente fort peu », écrivait P. Ourliac (HDIEO, t. XIII, 67).

Peu d'innovations, en effet. Le droit est, pour l'essentiel, fixé. Abondante, la doctrine poursuit sur la trace des grands maîtres de l'âge précédent. Elle engrange leur apport. C'est l'âge des compilateurs.

1. Principaux canonistes.

– *Jean Lemoine*, évêque de Meaux, cardinal ; ambassadeur de Boniface VIII auprès de Philippe le Bel.

Glossa aurea... super VI° Decretalium libro addito (1301).
Édition : Paris, 1535, repr. Aalen, 1968.

R. M. JOHANNESSEN, « Cardinal Jean Lemoine and the authorship of the Glosses to Unam Sanctam », BMCL, 18, 1988, 33-41.

— *Bernard Raymond*, professeur à Montpellier au début du XIVᵉ siècle.
Apparatus sur le Sexte (1306-1310).

Fr. CANTELAR-RODRIGUEZ, « El Apparatus de Bernardo Raimundo al Libro Sexto de Bonifacio VIII », *Proc. V Cong. MCL*, Salamanque, 1976 (éd. 1980), 213-258.

— *Guy de Baysio*, archidiacre de Bologne depuis 1296 († 1313).
Glose du Sexte.
Rosarium (Recueil de gloses du Décret)
(v. 1281-1302) plusieurs éditions anciennes (Venise, 1481).
Bibliographie. F. LIOTTA, dans les « Studi Senesi », 13, 1964, 7-52.

— *Guillaume de Mandagout*, archevêque d'Embrun (1295), cardinal (1312), † 1321.
Un des compilateurs du Sexte.
Tract.super electione (v. 1285).

— *Bérenger Frédol*, professeur à Paris, évêque de Béziers, cardinal († 1323).
Peut-être auteur d'une « *Summula* » pénitentielle.
Voir P. MICHAUD-QUANTIN, *La « Summula in foro pœnitentiali » attribuée à Béranger Fredol*, « Studia Gratiana », XI, 1967, 145-168.
Un des compilateurs du Sexte.

— *Johannes Andreae* (1270-1348) *« fons et tuba iuris »*. Professeur à Padoue et à Bologne.
In V Decretalium Libros Novella Commentaria (1338) Venise, 1581 (reprod. anast. 1963), 4 vol.
Novelle sur le Sexte (1336-1342).
Glose ordinaire du Sexte et des Clémentines (1322) (édition : Lyon 1554).

Novella in titulum de regulis iuris.
Bibliographie.
G. Rossi, « Contributi alla biografia del canonista Giovanni d'Andrea », *Rivista trimestriale di diritto e procedure civile*, 11, 1957, 1451-1502.
K. Pennington, « Johannes Andreae's Additiones to the Decretales of Gregory IX », ZSS KA, 74, 1988, 328-347.
O. Condorelti, « Dalle "quaestiones Mercuriales" alla "Novella in titulum de regulis iuris" », *Riv. intern. di diritto comune*, 3 (1992), 125-171.

− A. Bernal-Palacios, *Las « Limitationes Innocentii » attribuidas a Pedro de Braco*, « Escritos del Vedat », 21, 1991, 155-176. Il s'agit d'un répertoire pour faciliter l'utilisation de l'*Apparatus* d'Innocent IV, connu par un seul manuscrit Vat. lat. 2645 (v. 1320-1340).

− *Gloses des Clémentines.*
Glose ordinaire de Johannes Andreae, 1322 puis des compléments de 1324 à 1330.
Apparatus sur les Clémentines d'Albéric, archidiacre de Metz conservé dans le manuscrit 222 du Collège d'Espagne de Bologne, étudié par D. Maffei, BMCL, 1, 1971, 43-56. Albéric fut professeur à Orléans et chapelain de Jean XXII. Il mourut en 1354. Cet *apparatus* est l'un des tout premiers *apparatus* des Clémentines. Par la suite, *Apparatus* de Guillaume de Montlauzan (1319) qui ajoute un *apparatus* sur trois const. sur les bénéfices. Et un *apparatus* de Matteo de Rome (av. 1322).
Commentaire sur les Clémentines de deux professeurs de Montpellier, Étienne Troches et Pierre d'Estaing, conservé dans un manuscrit BN. lat. 9634, signalé par E. Van Balberghe, RHE, 66, 1971, 502-506.
Lectura de Zabarella, éd. princeps inc. 1468/1470, Rome. D. Maffei, *Un magistrato del Quattrocento Pier Filippo Martorelli da Spoleto e l'edizione principe della « Lectura Clementinarum », di Francesco Zabarella*, « Studia Gratiana », 13, 1967, 109-128.

− *Pierre Bertrand*, professeur à Avignon, Montpellier, Orléans, Paris, avocat, évêque de Nevers (1320), archevêque de Béziers (1331), cardinal.
Gloses sur le Sexte et les Clémentines.

— *Albericus de Rosate*, écrivit sur le droit romain et le droit canonique († 1351).
Principal ouvrage canonique : *Commentaires sur le Sexte.*

— *Balde de Ubaldis* (1319-1400), romaniste et canoniste ; professeur pendant soixante ans, surtout à Pérouse, sa patrie.
In Decretalium volumen commentaria (sur les trois premiers livres des Décrétales de Grégoire IX). Édition : Turin, 1578 ; Venise, 1595.
Notes sur les *Commentaria* d'Innocent IV.
Commentaire sur le *Speculum* de Guillaume Durand.
Consilia (dont un légitimant l'élection de 1378).

— *Antonius a Butrio* (1338-1408), professeur à Bologne, Pérouse, Florence.
Commentarium in V Libros Decretalium (édition : Venise, 1578, 9 vol., reprod. Turin, 1967.
In VI decretalium volumen commentaria (édition : Venise, 1575).

— *Gilles Bellemère*, évêque de Lavaur (1383), le Puy (1390), Avignon (1393), sert à la curie. En 1398, se prononce pour la soustraction d'obédience à Benoît XIII. Rassemble les décisions de la Rote.
Consilia.
Glose du Décret et des Décrétales.
H. GILLES, « La Vie et les Œuvres de Gilles Bellemère », *Bibliothèque de l'école des Chartes*, 124, 1966.

— *Pierre d'Ancharano* (v. 1330-1416), laïc, élève de Balde, professeur à Bologne et à Sienne ; participe aux conciles de Pise et de Constance.
Commentaire sur les Décrétales de Grégoire IX.
Consilia (édition : Venise, 1568).
Glose du Sexte et des Clémentines, etc.

— *Franciscus Zabarella* (v. 1335-1417), professeur à Florence et à Padoue ; cardinal en 1411 ; légat du pape au concile de Constance.
Commentaire des Décrétales de Grégoire IX et des Clémentines.

Nombreux *Consilia* et *Repetitiones*.

– *Nicolas de Tudeschis* – *Abbas Panormitanus* (1389-1445), bénédictin ; archevêque de Palerme (1435).
Lectura super V Decretalium Libros, Consilia, Quaestiones, Practica (édition : Venise, 1475, 9 vol. ; Lyon, 1524, 6 vol. ; Venise, 1617, 10 vol.).
Bibliographie.
K. W. Nörr, Kirche und Konzil bei Nicolas de Tudeschis (1964).
Ch. Lefebvre, *Dictionnaire de droit canonique*, VI, 1957, 1195-1215.
K. Pennington, « Panormitanus Lectura on the Decretals of Gregory IX », *Fälschungen im Mittelalter*, 2, 1988, 363-373.

2. Procédure et décisions judiciaires.

a. Ordines iudiciarii.

– *Jean Belli, Tractatus de ordine iudiciorum*, évêque de Lavaur (1412-1433), auditeur de Rote.
Bibliographie. D. Maffei, « Appunti sull'ordo iudiciarius di Jean Belli », RDC, 30, 1980 (*Études J. Gaudemet*, 294-303).
– *Ordo iudiciarius « Quia utilissimum fore ».*
Auteur inconnu.
Deux recensions : 1216-1227 et après 1234.
Bibliographie. M. T. Napoli, « L'Ordo iudiciarius « Quia utilissimum foro », ZSS KA, 72, 1976, 58-105.

b. Officialités.

R. Aubenas, *Recueil des lettres des officialités de Marseille et d'Aix*, Paris, 1937-1938.
L. Pommeray, *L'Officialité archidiaconale de Paris*, Paris, 1933 (avec documents publiés en annexe).
A. Lefebvre-Teillard, *Les Officialités à la veille du concile de Trente*, Paris, 1973 (avec bibliographie et informations sur des archives d'officialités).

N. ADAMS, Ch. DONAHUE, *Select Cases from Ecclesiastical Courts of the Province of Canterbury, c. 1200-1301*, Publ. Selden Soc. 95, for 1978-1979, Londres, 1981.

M. VLEESCHOUWERS-M. VAN MELKEBEEK (éd.), *Le Liber Sententiarum van der Officialiteit van Brussel, 1448-1459*, 2 vol., Bruxelles, 1982-1983.

−, *De officialiteit Doornik* (Tournai), Publ. Académie royale flamande de Belgique, 47, 1985 (un fasc. de documents).

c. Rote romaine.

Voir la notice (avec bibliographie) de G. DOLEZALEK et K. W. NÖRR dans le *Handbuch der Quellen und Literatur der neueren europäischen Privatrechtsgeschichte*, vol. I, *Mittelalter*, Munich, 1973, 849-856.

d. Un inventaire des sentences des cours ecclésiastiques médiévales a été entrepris dans le cadre des « Comparatives Studies in the Continental and Anglo-American Legal History » ; voir Ch. DONAHUE Jr (éd.), *The Records of the Medieval Ecclesiastical Courts*, t. I, *The Continental Reports of the Working Group*, Berlin, 1989.

3. Traités de la pénitence.

Dans la longue histoire d'un genre qui connut un grand succès, on notera :

− *Hugues de Saint-Victor* (attribuée à), *Summa sententiarum.* PL, 176, au *Tractatus* VI, chap. 10-14 (col. 146-153), un traité de la pénitence.
Manuel de confesseur du manuscrit d'Avranches 136 (v. 1155-1165).
Édition. P. MICHAUD-QUANTIN, *Sacris Erudiri*, 17, 1966, 5-54.

− *Alain de Lille, Liber poenitentiae.*
Édition. J. LONGÈRE, 2 vol., 1965.

Fin XIIe siècle.
Manuel de confesseur avec listes de fautes, façon d'interroger le pénitent (pas un traité de la pénitence).

— *Pierre de Poitiers, Liber poenitentialis.*
Disciple de Pierre Lombard, chancelier de Paris, mort en 1205.
A. TEETAERT, *Le Liber poenitentialis de Pierre de Poitiers*, 1935.

— *Robert de Flamborough, Liber poenitentialis.*
Édition. J. J. Fr. FIRTH, Toronto, Pontifical Institut of medieval canon studies, 1971.
Sous-prieur de Saint-Victor de Paris, mort avant 1234.
Quatre formes successives allant en s'enrichissant des années 1198 aux années 1216.
Cinq livres (Introduction, Mariage, Ordre, Péchés capitaux, Reprise de vieux tarifs pénitentiels).
Souvent sous forme de dialogue entre le pénitent et le prêtre.
Témoignage d'une conception nouvelle de la confession ; à la contrainte des anciens tarifs se substitue un examen de la psychologie du pénitent, qui laisse plus de liberté à l'appréciation du confesseur.

— *Thomas de Chobham, Summa confessorum.*
Édition. F. BROOMFIELD, Louvain, 1968.
Thomas est né vers 1160 ; il meurt après 1217 ; revient de Paris en Angleterre entre 1189 et 1192.
La *Summa* est achevée et en circulation vers 1216. Elle ignore Latran IV.
Thomas a été influencé par le Décret de Gratien.

— *Raymond de Peñafort, Summa de casibus poenitentiae.*
St. KUTTNER, « Zur Entstehungsgeschichte der "Summa de casibus Poenitentiae" des Heiligen Raymundus von Penyafort », ZSS KA, 39, 1953, 419-434 (*Studies in the History of Medieval Canon Law*, Variorum, 1990 ; avec compléments).

— *John of Kent, Summa de poenitentia.*
Début XIIIe siècle.

J. Goering, « The "Summa de penitentia" of John of Kent »,
BMCL, 18, 1988, 13-31.

— Trois « Sommes de pénitence » de la première moitié du
XIIIe siècle, éditées par J. P. Renard, 2 vol., Louvain-la-Neuve.

— *Bérenger Frédol* (attribuée à), *Summula in foro poenitentiali.*
Fin XIIIe siècle, manuel pour un clergé peu formé ; résume
Raymond de Pennafort.

P. Michaud-Quantin, *La « Summula... » attribuée à Bérenger
Frédol*, « Studia Gratiana », XI (*Collectanea St. Kuttner,* t. I, 1967,
145-168).

— *Jean de Fribourg, Summa confessorum.*
Œuvre monumentale.

H. Weck, *Die « Rechtssumme » Bruder Bertholds ; eine deutsche
abecedarische Bearbeitung des « Summa confessorum » des
Johannes von Freiburg,* Tübingen, 1982.

— *Jean d'Erfurt, Summa confessorum.*
Étudiant à Bologne à la fin du XIIIe siècle ; enseigne à Erfurt
au début du XIVe ; théologien et juriste (auteur d'un Commentaire des Sentences et d'une *Tabula utriusque iuris*).

Summa confessorum entre 1300 et 1302, trois rédactions
successives.

165 titres (Les sept péchés capitaux, les dix commandements) ;
très juriste, large appel au droit romain.

Édition. N. Brieskorn, 3 vol., Francfort-sur-le-Main, 1980-
1981.

Appendice : l'obsession bénéficiale

La vie matérielle de l'Église médiévale est assurée par sa
richesse foncière. Des « bénéfices » sont attribués aux clercs
pour leur fournir le nécessaire, parfois le superflu. Leur attribution, leur transmission donnent lieu à des transactions, sources
de profit. Une papauté besogneuse et, en tout cas, toujours à
court d'argent, trouve là sa principale occasion de subvenir à

ses besoins. D'où la place exceptionnelle tenue dans la législation et la doctrine qui la commente par la question bénéficiale.
Bibliographie.

G. MOLLAT, *La Collation des bénéfices sous les papes d'Avignon*, Paris, 1921.

— *Le Roi de France et la Collation plénière des bénéfices ecclésiastiques*, Paris, 1951.

B. GUILLEMAIN, *La Politique bénéficiale du pape Benoît XII (1334-1342)*, Mémoire de l'École pratique des hautes études, 1952.

L. CAILLET, *La Papauté d'Avignon et l'Église de France. La politique bénéficiale du pape Jean XXII en France (1316-1334)*, Paris, 1975.

H. FOKEINSKI, « Conferimento dei benefici eccl. maggiori nella Curia romana fino alla fondazione della Congregazione Consistoriale », *Rivista di Storia della Chiesa in Italia*, 35, 1981, 334-353.

R. WRIGHT, *The Church and the English Crown (1305-1334)*, Pontifical Institut of Medieval Studies, Toronto, 1980.

B. SCHWARZ, « Die Ämterkäuflichkeit an den Römischen Kurie : Voraussetzungen und Entwicklungen bis 1463 », *Proc. VI Cong. MCL*, Berkeley, 1985 (Vatican, 1985), 451-463.

J. GAUDEMET, *La Collation par le roi de France des bénéfices vacants en régale, des origines à la fin du XIVᵉ siècle*, Bibliothèque de l'École des hautes études, sciences religieuses, Paris, 1935.

Les Registres de Jean XXII ont conservé environ 68 000 bulles émises pendant son pontificat (1316-1334). 50 000 concernent des questions bénéficiales, dont la moitié pour la France. C'est dire l'importance primordiale de la question bénéficiale à cette époque.

— Législation. Du pontificat de Clément IV (1265) à celui de Benoît XII (mort en 1342), dix bulles importantes ont été promulguées sur la provision des bénéfices. Elles ont été, pour l'ensemble, recueillies dans les compilations du *corpus iuris canonici*.

Sur la réserve des bénéfices à la collation pontificale : *Suscepti regiminis*, de Clément IV, S. III, 4, 1 ; *Licet ecclesiarum*, de Clément IV (1265), S. III, 4, 2 ; *Praesenti*, de Boniface VIII, S. III, 4, 34 ; *Ex debito*, de Jean XXII, date incertaine (1316 ou plutôt 1320-1321 ou même après 1325), *Ext. Co.* I, 3, 4 ; *Ad regimem.* de Benoît XII, *Ext. Co.* III, 2, 13.

— Doctrine. Ces textes ont été commentés par les glossateurs du Sexte et des *Extravagantes*. Ils ont en outre fait l'objet de traités particuliers.

II. L'engagement des canonistes dans les controverses politico-religieuses

Il ne saurait être question de rappeler ici la tumultueuse histoire qu'a vécue l'Église latine aux XIVᵉ et XVᵉ siècles. On se borne à renvoyer à la bibliographie donnée page 145.

Mais des théologiens et des canonistes, souvent parmi les plus grands, sont intervenus dans ces débats par leur réflexion doctrinale, parfois dans un engagement personnel. Ne pas nommer ces hommes, ne pas citer les plus marquantes de leurs œuvres fausserait gravement l'image de la vie intellectuelle de l'Église au cours de ces deux siècles. Si la réflexion juridique paraît peu originale, c'est que l'attention s'était portée ailleurs. Devant les périls que connut l'Église, les plus illustres de ses maîtres ont sacrifié la routine du droit pour se tourner vers les problèmes que soulevait la naissance d'un monde nouveau. On ne saurait leur en faire grief et l'on ne doit pas négliger cet aspect essentiel de leur apport.

Bibliographie. P. OURLIAC, « Science politique et droit canonique au XVᵉ siècle », *La storia del diritto nel quadro delle scienze storiche*, Florence, 1966, 497-521.

A. PREMIÈRES RENCONTRES

Dès les débuts du XIIIᵉ siècle, les autorités laïques reprennent conscience de l'importance de leur fonction judiciaire, de la place majeure qu'elle doit tenir dans un pouvoir séculier qui entend s'affirmer, mais aussi des profits qu'assure le service de la justice. Barons et officiers du roi s'en prennent à la justice d'Église, contestant sa légitimité là où la religion ne semble pas en jeu. Ce sont les amorces d'un débat sur les limites de sa compétence, qui bientôt soulèvera des conflits majeurs.

Bibliographie. P. RIBES-MONTANÉ, *Relaciones entre la potestad ecclesiastica y el potere secular segun S. Ramon de Penyafort*, Public. del Instituto español de historia ecclesiastica, « Monografias », 26, 1979.

Les années 1240 connaissent un autre débat, plus fondamental encore, où s'effondrent le vieux rêve carolingien de l'alliance des pouvoirs et celui, moins lointain, d'une *christianitas* sur laquelle règne la papauté, avec l'empereur pour porte-glaive. C'est un État « moderne », maître de ses destinées, que veut instaurer Frédéric de Hohenstaufen, et c'est le conflit avec Innocent IV. Deux fois excommunié, Frédéric est déposé par le concile de Lyon (bulle *Ad apostolicae dignitatis apicem*, 17 juillet 1245, COD, 278-283). De part et d'autre, pamphlets et libelles s'étaient multipliés pour défendre l'autorité romaine et le souvenir d'une « chrétienté », ou pour affirmer l'indépendance du prince et la souveraineté de l'État.

Le tournant du siècle vit un nouveau conflit où s'opposent Boniface VIII et Philippe le Bel. Ses motifs (la juridiction ecclésiastique et la levée de taxes sur l'Église de France) et ses épisodes n'ont pas à être rappelés ici.

Bibliographie. Restent fondamentaux, G. DIGARD, *Philippe le Bel et le Saint-Siège de 1285 à 1304*, Paris, 1936, 2 vol. ; et, dans une perspective d'histoire des idées plus marquée, V. MARTIN, *Les Origines du gallicanisme*, t. I, 149-239, Paris, 1939.

Seule nous concerne l'abondance des libelles, des faux et des traités qui voient le jour à cette occasion. Curialistes et légistes apportent l'appui de leur science à la défense des positions contraires.

Bibliographie.

1. Les œuvres.

— Gilles de Rome, *De ecclesiastica potestate* (1301).
Édition. R. SCHOLZ, Weimar, 1929, trad. angl. R. W. DYSON, 1987.

Théologien et philosophe ; pas canoniste. Ses idées seront reprises dans la bulle *Unam Sanctam*.

— *Quaestio in utramque partem.*
Œuvre d'un théologien inconnu : printemps 1302.
Éditions. M. GOLDAST, *Monarchia Sancti romani Imperii...*,
Francfort, 1668, t. II, 97-107.

— *Jacques de Viterbe,* disciple de Gilles de Rome, professeur
à Paris, curialiste († 1308).
De regimine christiana, 1302, dédié à Boniface VIII.
Éditions. ARQUILLIÈRE, *Le Plus Ancien Traité de l'Église,*
Paris, 1926.

— *Jean Quidort,* dominicain, maître à l'université de Paris.
De potestate regia et papali, fin 1302.
Édition. M. GOLDAST, II, 108-147.

— Le « *Rex pacificus* ».
Édition. P. DUPUY, *Histoire du différend...*, 1655, 663-683.
Auteur   inconnu ;   pour   l'indépendance   de   l'État,
W. ULLMANN, « A Medieval Document of Papal Theorie of
Government », *Engl. hist. Rev.*, 61, 1946, 180-201 (*Law and
Juridiction...*, Variorum, 1988).

— *Pierre Dubois*, avocat normand, publiciste, conseiller de
Philippe le Bel ; s'engage dans les voies de la géopolitique,
pour assurer l'hégémonie de la France en Europe.
De abbreviatione litium, 1300.
De recuperatione Terrae sanctae, vers 1305-1307.
Édition. E. LANGLOIS, 1891.

— *Dante, De monarchia*, 1311 (?), « L'Utopie conservatrice ».
Édition et traduction. B. LANDRY, Paris, 1933.
La Divine Comédie, où abondent les références politico-
religieuses.

— *Barthélemy de Lucques* (né v. 1236), disciple de saint
Thomas, enseigne à Avignon depuis 1303, canoniste, qui dit
des théologiens : « *in multis sunt iuris ignari.* »
De origine ac translatione et statu romani imperii, 1314.
Édition. M. KRAMMER, *Fontes iuris germanici antiqui*, Hanovre,
1909.

– *Marsile de Padoue* (v. 1275/1280-1343), *De translatione imperii*, entre 1317-1324.

Édition et traduction. O. JEUDY, J. QUILLET, *Marsile de Padoue, Œuvres mineures*, « Sources d'histoire médiévale », Paris, 1979, 372-471.

Defensor pacis, achevé 24 juin 1324 ; condamné par Jean XXII (bulle *Licet iuxta doctrinam*, 23 octobre 1327).

Rares manuscrits : traduction française avant 1363.

Édition et traduction. J. QUILLET, 1968.

Defensor minor, 1339-1341.

Édition. O. JEUDY-J. QUILLET, 172-311.

2. *Littérature.*

G. DE LAGARDE, *La Naissance de l'esprit laïque au déclin du Moyen Âge*, t. I : *Bilan du XIIIe siècle*, 1934 (3e éd. 1956) ; t. II : *Marsile de Padoue*, 1934 ; t. III : *Secteur social de la scolastique*, 1942 (2e éd. 1958) ; t. IV : *Guillaume d'Ockham : Défense de l'Empire*, 1962 ; *Guillaume d'Ockham. Critiques du statut ecclésial*, 1963 (travail fondamental).

H. BIELEFELD, « Von der päpstlichen Universalherrschaft zur autonomen Bürgerrepublik », ZSS KA, 73, 1987, 70-130.

R. W. DYSON, *Giles of Rome on Ecclesiastical Power*, 1981.

J. A. WATT, *John of Paris, on Royal and Papal Power*, trad. anglaise, Toronto, 1971.

M. MACCARRONE, « Teologia e diritto canonico nella "Monarchia" », III, 3, *Rivista di Storia della Chiesa in Italia*, 5, 1951, 7-42 (*Romana Ecclesia*, 2, Rome, 1991, 1019-1062).

–, « La teoria teocratica e il canto XVI del Paradiso », *Rivista di Storia della Chiesa in Italia*, 4, 1950, 353-398 (*Romana Ecclesia*, t. II, 969-1017).

–, *Papato e Impero nella « Monarchia »*, « Nuove letture "dantesche" », 8, Florence, 1976, 259-332 (*Romana Ecclesia*, t. II, 1063-1135).

J. QUILLET, *La Philosophie politique de Marsile de Padoue*, thèse de lettres, Paris, 1970.

M. DAMIATA, *« Plenitudo potestatis » e « universitas civium » in Marsilio da Padova*, Florence, 1983.

Ockham. Dans les années 1330, un franciscain d'Oxford, réfugié auprès de l'empereur Louis de Bavière, à Munich, publie des traités d'une grande importance pour l'avenir de la pensée philosophique et politique. Né entre 1280 et 1290, il avait étudié à Oxford. Ses thèses suspectes le font citer à Avignon. En 1328, il fuit la ville du pape avec le ministre général des franciscains, Michel de Césène et passe au service de Louis de Bavière, dont l'élection douteuse de 1314 compromet l'autorité. Cette fuite lui vaut d'être excommunié. Ses écrits développent une ecclésiologie et une théorie de l'empire, recherchant un équilibre entre l'autorité du pape et les droits du prince à l'occasion du conflit entre la papauté et Louis de Bavière.

À la différence de Marsile, Ockham ne fait pas appel au concile. Mais il accorde une grande place au laïcat, dans une Église qu'il considère comme une « communauté » de clercs et de laïcs et il tient en grande estime les *Magistri*. La science est constituée en puissance dans l'Église.

Œuvres principales.

— Le *Dialogus*, dont la *Ia pars*, qui propose une doctrine de l'Église, date de 1333-1334 et la *IIIa pars* de 1338.

Édition. GUILLELMI DE OCCAM, *Opera plurima*, 1962.

Grande diffusion. On connaît 28 manuscrits du *Dialogus* pour les XIVᵉ et XVᵉ siècles.

— *Octo quaestiones de potestate papae* (1340-1342).

Composées à Munich, à la cour de Louis de Bavière, en plein conflit avec Benoît XII.

Édition. M. GOLDAST, t. II, 313-391.

— *Breviloquium*, 1341.

« Plaidoyer d'un théologien contre les canonistes » (G. DE LAGARDE) et surtout contre Jean XXII, pape juriste.

L'ouvrage n'en fait pas moins un large usage des textes juridiques, surtout du Décret de Gratien, un peu moins des Décrétales de Grégoire IX. Faible recours au droit romain.

Sur l'apport d'Ockham, voir G. DE LAGARDE, *La Naissance...*.

B. LES GRANDS DÉBATS

Entre 1378 et 1450 le Grand Schisme et la crise conciliaire donnent à la polémique doctrinale une ampleur jamais atteinte.

Théologiens et canonistes, hommes d'Église et universitaires (souvent les mêmes hommes) s'y opposent, défendant la toute-puissance romaine ou la primauté de l'assemblée conciliaire. Devant le schisme tricéphale, le recours au concile paraît à beaucoup la seule voie possible. Appel à un groupe élargi d'une aristocratie de docteurs, plus qu'à l'ensemble des fidèles laïcs.

Sans doute la maxime « *Quod omnes tangit ab omnibus debet approbari* » connaît-elle une large faveur. Elle prend place parmi les *Regulae iuris* du Sexte (n° 29). Déjà Richard l'Anglais écrivait, dans son *Apparatus* (*Const.* I *de haereticis*, c. *ad abolendam*, V° *Consilio* : « *Uti de causa fidei agitur, tam laïci quam clerici debent interesse.* » Une décrétale d'Innocent III (X, 1, 29, 7), Guillaume Durand le Jeune citaient la maxime [5]. On la retrouve chez Marsile et Ockham, chez des théoriciens allemands, espagnols, italiens et elle reparaît chez Oresme (v. 1370), Gerson et d'autres. Elle figure, à propos de questions financières, dans les Constitutions du cardinal Albornoz pour la Marche d'Ancône.

S'agit-il là d'une première esquisse d'idées démocratiques ? On l'a parfois suggéré. Mais d'un principe de philosophie politique aux réalités institutionnelles le chemin est sinueux.

Bibliographie.

A. MARONGIU, *Il principio della democrazia et del consenso* (« *Quod omnes tangit...* ») *nel XIV secolo*, « Studia Gratiana », 8, 1962, 555-575.

Y. M. CONGAR, « Quod omnes tangit ab omnibus tractari et approbari debet », RHD, 36, 1958, 210-259 (*Droit ancien et structures ecclésiales*, Variorum, 1982).

L'adage cependant devait bientôt connaître une singulière fortune. « La papauté française » d'Avignon n'avait pas eu que des admirateurs. Sept papes français s'étaient succédé entre 1305 et 1378. Dans le même temps, ils avaient élevé cent onze Français au cardinalat, et vingt-trois non-Français ! Le 13 septembre 1376 Grégoire XI quittait Avignon. Le 17 janvier suivant, il entrait à Rome. C'était la fin de cette nouvelle « captivité de Babylone ». Mais la mort du pontife, le 26 mars 1378, ouvrait une crise d'une tout autre ampleur. Deux papes

---

5. A. GOURON, « Aux origines médiévales de la maxime "Quod omnes tangit" », *Mélanges Imbert*, Paris, 1989, 277-286.

sont élus, l'archevêque de Bari, le 8 avril, dans une Rome houleuse et par un conclave réduit à seize cardinaux (Urbain VI). Contestant la validité de cette élection et sous la pression de la France, un conclave plus large élit le 20 septembre, à Fondi, Robert de Genève (Clément VII). Un pape à Rome, un autre à Avignon ; et une chrétienté divisée. Sur cette situation et ses conséquences, voir, parmi les travaux récents :

F. DELARUELLE, F. R. LABANDE, P. OURLIAC, *L'Église au temps du Grand Schisme...* (cité p. 145).

P. OURLIAC et H. GILLES, *La Période postclassique...* (cité p. 145).

Genèse et débuts du Grand Schisme, Colloque d'Avignon, 1978, CNRS, Paris, 1980.

G. ALBERIGO, *Chiesa conciliare...*

A. LANDI, *Il papa deposto* (Pisa, 1409). *L'idea conciliare nel Grande Scismo*, Turin, 1985.

W. BRANDMÜLLER, *Papst und Konzil im Grossen Schisma 1378-1420*, 1990 (recueil d'articles).

Comment choisir entre deux papes rivaux, l'un élu dans des conditions douteuses, l'autre appelé, alors que le Siège de Pierre avait déjà un titulaire ? Quelle instance saisir ? La voie était ouverte au conciliarisme.

Le conciliarisme.

Faire appel au concile, affirmer sa supériorité sur le pape n'était pas chose nouvelle. Les canonistes du XIIe siècle en débattaient déjà. Huguccio (*Summa ad* D. 19, c. 9) s'y montrait hostile : « *si in eadem quaestione discordat concilium a sententia pape, maior est sententia concilii quam pape. Quod non credo, sed potius credo contrarium.* »

« Conviction » chez le Pisan *(credo)* plus que démonstration, qui s'opposait, sur ce point capital, à l'auteur de la *Summa* « *Et est sciendum* » (sur D. 19, c. 9) : « *si in quaestionibus quae in concilio proponuntur a sententia pape discordat concilium, maior est sententia concilii quam pape... ubi de fide agitur et tunc synodus maior est papa* » (formule analogue chez J. Teutonicus, sur D. 19, c. 9).

Les Colonna en 1297, Guillaume de Plaisian et Guillaume de Nogaret en 1303, Louis de Bavière en 1324 avaient déjà fait valoir cette supériorité du concile. Parmi les docteurs on pourrait citer Jean de Paris, Guillaume Durand le Jeune, Marsile et d'autres. Mais c'est avec le Grand Schisme que la « doctrine conciliaire » (ou plutôt le « conciliarisme ») prend toute son ampleur.

Bibliographie.

A. J. BLACK, « What was Conciliarism ? Authority and Power », *Studies... to W. Ullmann*, Cambridge University Press, 1980, 213-224.

B. TIERNEY, *Foundations of the Conciliar Theory. The Contribution of the Medieval Canonists from Gratian to the Great Schism*, Cambridge, 1955.

—, « Canon Law and Church Institutions in the Late Middle Age », *Proc. VIIth. Cong. MCL*, Cambridge, 1984 (éd. 1988), 49-69.

G. ALBERIGO, « La dottrina conciliare », *Storia delle idee politiche...*, t. III, 1987, 157-252.

H. J. BECKER, *Die Appellation vom Papst an ein allgemeines Konzil*, « Forschungen zur kirchliche Rechtsgeschichte und zum Kirchenrecht », 17, Cologne, 1988.

J. W. STIEBER, *Pope Eugenius IV, the Council of Basel and the Secular and Ecclesial Authorities in the Empire*, « Studies in the History of Christian Thought », 13, 1978.

J. L. GAZZANIGA, « L'Appel au concile dans la politique gallicane de la monarchie de Charles VII à Louis XI », *Bulletin de littérature ecclésiastique*, 85, 1984, 111-129.

H. J. SIEBEN, *Traktate und Theorien zum Konzil. Vom Beginn des Grossen Schisma bis zum Vorabend der Reformation (1378-1521)*, Francfort, 1983.

G. ALBERIGO (*Chiesa conciliare*, 19-20) propose de distinguer trois « générations » (ou du moins trois étapes) dans l'expression de la doctrine conciliaire, chacune d'elles étant marquée, et parfois commandée, par des événements importants de la vie de l'Église.

a. Première génération.

Deux professeurs, d'origine allemande, mais enseignant à Paris, envisagent la question que pose la double élection de 1378 : Comment sortir de la dualité de pontifes ?

— *Conrad de Gelnhausen* dans son *Epistola brevis* (achevée le 31 août 1379), répondant à une interrogation de Charles V, invoque « *Quod omnes tangit...* ». S'inspirant de Marsile et d'Ockham, il propose la réunion d'un concile composé de délégués élus par les conciles provinciaux et les synodes diocésains, où siégeraient également les princes et des docteurs.

Dans l'*Epistola concordiae* (mai 1380), première grande œuvre de la doctrine conciliaire, il reprend la question.

Éditée dans E. MARTÈNE et U. DURAND, *Thesaurus Novus Anecdotorum*, Paris, 1717, t. II, 1200-1221.

— *Henri de Langenstein* allègue lui aussi « *Quod omnes tangit...* ». Il fait valoir que « *Christus non solum est Deus clericorum sed et laïcorum* ». Il propose l'appel à l'université de Paris, au concile général ou à des députés, élus par les diverses *partes Ecclesiae*.

Epistola pacis.

Epistola concilii pacis (printemps 1381).

Éditées dans GERSON, *Opera Omnia*, éd. Ellies du Pin, Anvers, 1706, t. II, 809-840.

Bibliographie. G. KREUZER, *Heinrich von Langenstein*, « Quellen und Forschungen aus dem Gebiet der Geschichte », nouvelle série 6, Paderborn, 1987.

b. Deuxième génération.

Le schisme s'est aggravé avec l'élection par le concile de Pise (1409) d'un troisième pape, Alexandre V, après que le concile a déposé (sans succès) Grégoire XII et Benoît XIII (5 juin 1409) comme « hérétiques, schismatiques, objets de scandale ». Le concile de Constance (1414-1418) dépose deux papes, le troisième abdique. L'unité semble revenir. Le 11 novembre 1417, Martin V était élu.

C'est au concile de Constance que, sur la proposition du cardinal Zabarella, était voté le 30 mai 1415, le décret *Haec sancta* (confirmé le 6 avril, COD, 408-409). Ce décret affirmait que « le concile général, représentant l'Église militante, tient son pouvoir directement du Christ, et que tous, y compris le pape, doivent lui obéir en tout ce qui concerne la foi, l'extirpation du schisme et la réforme générale de l'Église dans sa tête et ses membres ».

Sur ces textes et les conditions des votes, voir V. MARTIN, *Origines du gallicanisme*, t. II, Paris, 1939, 113-122.

Les débats autour du décret *Haec sancta* demeurent un « apport doctrinal neuf et important » pour G. ALBERIGO (*Chiesa conciliare*, 229), une « élaboration sans valeur d'un concile illégal », J. GILL (éd.) *Conciles de Constance, Bâle, Florence*, 1965. H. JEDIN adopte une position moyenne. H. DENZINGER ne l'avait pas publié dans son *Enchiridion*, 1854.

Parmi les grands noms de cette « génération », ceux d'hommes qui ont joué un rôle important au concile de Constance :

— *Fr. Zarabella*, un Italien, canoniste († 26 septembre 1417). Voir page 150.

Dans son *De schismate per imperatorem tollendo*, il soutient que, si le pape et les cardinaux ne peuvent réunir le concile général, cela revient à l'empereur, comme représentant du peuple chrétien.

— *Simon de Cramaud*. Cet homme d'Église, qui finit cardinal, fut, pour son récent historien, « un politicien et un carriériste ». Né vers 1345, il est, trente ans plus tard, docteur en droit canon et *scolasticus* à Orléans. Bientôt, il rejoint l'université de Paris et surtout l'entourage du duc Jean de Berry, dont il devient le chancelier. Ce patronage lui vaut des évêchés : Agen (1382), Béziers (1383), Poitiers (1385), Avignon (1391), Carcassonne. S'il « manque » Sens en 1390, il obtient Reims en 1409 et, en 1413, il est fait cardinal. À la requête de Charles V, il rédige un Mémoire en faveur de la soustraction d'obédience, ce qui rejoignait les vœux de l'université de Paris. La doctrine de la supériorité du concile y est fortement affirmée.

Édition. H. KAMINSKY, *De substractione obediencie*, Cambridge, Mass., 1984.

Cramaud développe la même thèse avec fougue devant une assemblée de quelque cent prélats réunis par le roi à Paris (juin-juillet 1398). L'ordonnance royale du 27 juillet 1398 fait sienne ces idées et proclame la soustraction d'obédience à Benoît XIII.

Bibliographie. H. KAMINSKY, *Simon de Carmaud and the Great Schism*, New Brunswick, 1983.

— *Le Songe du Vergier*. Écrit dans l'entourage de Charles V, peut-être composé à sa demande ; auteur inconnu. A. COVILLE avait proposé Evrart de Trémaugon : hypothèse non confirmée.

Texte latin 1376, traduction française assez libre 1378.

Édition. M. SCHNERB-LIÈVRE, 2 vol., « Sources d'histoire médiévale », Paris, 1982.

Utilise les écrits de la Querelle bonifacienne, la « Dispute de Vincennes », Marsile et Ockham, mais adopte une voie moyenne.

Grande diffusion : connu en France, en Angleterre, en Allemagne. Arsenal de la controverse contre la papauté jusqu'à la Réforme.

Bibliographie.

J. P. ROYER, *L'Église et le Royaume de France au XIVᵉ siècle d'après le « Songe du Vergier »*, Paris, 1969.

J. QUILLET, *La Philosophie politique du « Songe du Vergier »*, Paris, 1977.

— *Pierre d'Ailly* (1350-1420). Né à Compiègne ; boursier au collège de Navarre ; étudiant à l'université de Paris ; docteur en théologie ; chanoine de Noyon (1381) ; chancelier de l'université de Paris (1383) ; cardinal (1411) ; participe au concile de Constance.

Tractatus de materia concilii generalis (1402-1403) où il écrit : « *Totum concilium maior est papa.* »

De ecclesiastica potestate (1416), petit traité.

Tractatus de ecclesiae, concilii generalis, romani pontifici et cardinalium auctoritate (1417).

Édition médiocre de ces traités dans H. HARDT, *Magnum oecumenicum Constantiense concilium*, t. VI, Francfort, 1696-1700.

Bibliographie. Fr. OAKLEY, divers articles de 1963, 1964, 1967 sur Pierre d'Ailly, reproduits dans *Natural Law, Conciliarism and Consent in the Late Middle Ages*, Variorum, 1984.

— *Jean Gerson* (1363-1429). Théologien, peu favorable aux canonistes qui, selon lui, pratiquent une *scientia inferior* ; ignore le droit canonique ; chancelier de l'université de Paris (1398) ; représente cette université au concile de Constance.

De unitate ecclesiastica, 1409.

De potestate ecclesiastica et origine iuris, œuvre majeure, écrite à Constance en 1417.

Critique la richesse de l'Église et la centralisation pontificale ; voudrait pour l'Église un régime « mixte », *ex triplici politia*, combinant monarchie, aristocratie et élection populaire.

Bibliographie.

Fr. OAKLEY, « Gerson et Pierre d'Ailly », *Speculum*, 40, 1965, 74-83 *(Natural Law...)*

C. H. M. POSTHUMUS-MEYJES, *Jean Gerson et l'Assemblée de Vincennes*, Londres, 1978, « Studies in Medevial and Reform. Thought », 26.

Édition d'un petit opuscule de GERSON, *De iurisdictione spirituali et temporali* (un seul manuscrit à la BN), brouillon de réflexions personnelles (1405 ?).

— *Jean de Courtecuisse*, évêque élu de Paris, mais non sacré (1421-1422).

Tractatus de fide et ecclesia, romano pontifice et concilio generali, inspiré d'Ockham.

Bibliographie. Fr. OAKLEY, « The Tract... of Johannes Breviscoxe », AHC, 10, 1978, 99-130 *(Natural Law...)* qui, contrairement à l'opinion commune, ne le tient pas pour un « conciliariste ».

c. Troisième génération. Celle du concile de Bâle et des débats ecclésiologiques.

Deux noms dominent :

— *Nicolas de Tudeschis, le Panormitain.*

Voir page 151.

Ajouter : E. F. JACOB, « Panormitanus and the Council of Basel », *Proc. IIIth. Cong. MCL*, Strasbourg, 1968 (éd. 1971), 205-215.

Panormitain formule en termes très juridiques la doctrine conciliaire la plus accusée. Son œuvre marque comme l'apogée de ce courant : « Le fondement de la *jurisdictio* est dans l'Église universelle ; mais, parce qu'il est impossible de réunir l'Église universelle, qui consiste dans l'universalité des fidèles, [...]

l'Église universelle exerce sa *jurisdictio* par le concile, qui la représente (Q. 499/31, voir Q. 472/30).

Le concile peut faire la loi (sur X III, 13, 3, n° 1) et rendre la justice (sur X, 4, 1, 1, n° 4). « La plénitude du pouvoir réside dans le concile, représentatif de l'Église universelle ; le pape, principal ministre de l'Église, [...] ne peut user de la plénitude du pouvoir contre l'Église [...], car il y aurait deux pouvoirs dans l'Église, ce qui sent l'hérésie » (Q. 485/34). « Le pape appartient au corps de l'Église ; il n'est pas l'Église universelle » (Q. 521/34).

— *Nicolas de Cues* (1401-1464). Juriste rhénan (Cues est dans le diocèse de Trèves) ; théologien, juriste, humaniste, épris d'histoire.

De maioritate auctoritatis conciliorum supra auctoritatem pape (1433).

De concordia catholica Libri III (1434), 92 chapitres en trois livres : L'Église, Les Conciles, L'Empire. Œuvre majeure du conciliarisme ; développe les thèses de *Haec sancta*, pas d'influence d'Ockham.

Voir A. Posch, *De concordia*, Paderborn, 1933.

Les deux traités ont été rédigés pendant le concile de Bâle. Nicolas de Cues se ralliera finalement à Eugène IV.

Bibliographie.

F. Battaglia, *Il pensiero giuridico e politico di Nicolo Cusano*, Bologne, 1939.

A. Vagedes, *Das Konzil über dem Papst ? Die Stellungnehmen des Nikolas von Kues und des Panormitanus zur Streit zwischen Konzil von Basel und Eugen IV*, 2 vol., Paderborn, 1981.

P. M. Watts, *Nicolaus Cusanus*, « Studies in the History of Christian Thought », Leyde, 1982.

On ajoutera :

— *Juan de Torquemada* (1388-1468), dominicain espagnol.
Quaestio de Decreto irritante.
Bibliographie. T. M. Izbicki, *A Disputation on the Authority of Pape and Council* (trad. anglaise Oxford, 1988).

— *Aeneas Silvius Piccolomini*, Siennois, futur Pie II (1458-1464) ; partisan des thèses conciliaires au concile de Bâle ;

secrétaire de Félix II, l'antipape du concile (1439-1449), le duc Amédée de Savoie ; se rallie à l'idée d'un gouvernement monarchique fort. Voir son

De ortu et auctoritate imperii Romani
  – A. ROSELLI († 1466), *Monarchia, Tractatus de potestate imperatoris et papae.*
  Édition. G. Perticone, Bologne, 1944.

C. LES DÉBUTS DU XVIᵉ SIÈCLE

1. Le conciliarisme

Des débats persistent autour du conciliarisme. À propos des idées de deux théologiens parisiens au début du XVIᵉ siècle : Jacques Almain et Jean Major :

Fr. OAKLEY, « Almain and Major, Conciliar Theory in the Eve of the Reformation », *Amer. hist. Review*, 70, 1965, 673-690 *(Natural Law...).*

—, « Conciliarism in the Sixteenth Century. J. Almain, again », *Archiv für Reformationsgeschichte*, 68, 1978, 111-132 *(Natural Law...).*

Almain est l'auteur de plusieurs écrits, regroupés dans ses *Opuscula* (Paris, 1518), dont un *Tractatus de auctoritate ecclesiae et conciliorum generalium* (1512).

Les débats conciliaires se sont poursuivis au concile de Pise (1511-1512) suscité par Louis XII et qualifié par ses adversaires – les Pères de Latran V – de *conciliabulum* ; ainsi qu'au concile de Latran V (1512-1517). Les thèses conciliaires y ont encore trouvé des partisans, mais elles furent finalement condamnées par le concile.

Bibliographie. O. DE LA BROSSE, *Le Pape et le Concile. La comparaison de leurs pouvoirs à la veille de la Réforme*, Paris, 1965.

2. Les débuts du gallicanisme.

Dans ce bouillonnement d'idées, dont le conciliarisme est l'expression majeure, une place doit être faite à d'autres courants, qui ne sont pas sans rapport avec quelques-unes de ses thèses essentielles.

On laissera de côté des doctrines qui intéressent plus spécialement la théologie, encore qu'elles ne soient pas sans importance pour le canoniste et pour l'historien des sociétés. Citons seulement deux noms :

— *John Wyclif* (1320-1384), théologien anglais, qui enseigna à Oxford.

Sa *Somme théologique* (1374-1382) est son œuvre majeure.

Un *De officio regis* (1378) affirme l'indépendance du roi à l'égard du pape.

Les thèses de Wyclif ont été condamnées par un concile réuni à Rome par le pape Jean XXIII (février 1412) puis par le concile de Constance dans sa session du 4 mai 1415 (COD, 411-416), et à nouveau le 6 juillet (*ibid.*, 421-426).

Bibliographie. W. FARR, *John Wyclif as Legal Reformer*, « Studies in the History of Christian Thought », 10, Leyde, 1974.

— *Jan Hus* (1369-1415), théologien tchèque, influencé par Wyclif ; recteur de l'université de Prague ; excommunié en 1411 ; puis le 6 juillet 1415 par le concile de Constance dans sa XVe session (COD, 426-431) et condamné à être brûlé vif.

Bibliographie. J. KEJR, « Das Hussitentum und das kanonische Recht », *Proc. IIIth. Cong. MCL*, Strasbourg, 1986 (éd. 1971), 191-205.

Plus important pour le canoniste est le courant gallican, qui se prolonge bien au-delà du xve siècle, mais dont les premières expressions nettes se situent dans le mouvement conciliaire des xive-xve siècles.

L'expression d'*Ecclesia gallicana* est très ancienne (Célestin Ier en 428, PL, 50, 431). La chancellerie pontificale l'utilise sans répugnance. En 1254, Innocent IV prend la défense de « l'Église gallicane ». C'est qu'à cette époque le terme n'a qu'une valeur géographique.

Les auteurs gallicans des xvie-xviie siècles ont cherché dans un passé lointain les premières manifestations d'une doctrine gallicane, affirmant une certaine indépendance de l'Église de France vis-à-vis de Rome, le rôle spécial du roi en matière de discipline ecclésiastique et l'obligation pour le pape de respecter les décisions du concile général. Charlemagne, Hincmar de Reims, les conciles de Saint-Basle (991) et de Chelles (993) ont été invoqués à l'appui de ces thèses. Les historiens modernes n'ont guère été convaincus par de tels rapprochements.

En fait les attitudes et les thèses gallicanes se sont progressivement développées sous la pression des circonstances et dans l'ambiance intellectuelle parisienne au cours du siècle et demi qui va de la Querelle bonifacienne (1296-1303) à la crise conciliaire (1378-1438).

a. Parmi les premiers écrits, à l'époque du conflit bonifacien.

Pour l'indépendance du roi au temporel : *Quaestio in utramque partem* (début 1302) ; *De potestate regia et papali* (fin 1302) ; « Discussion entre un clerc et un chevalier », *Rex pacificus* (voir p. 158).

La bulle *Unam Sanctam* (1302) réfute et condamne ces thèses.

La décrétale *Meruit* de Clément VI (1306) (*Ext. co.* V, 7, 2) rétablit la royauté dans « l'état antérieur » à cette bulle.

b. À l'époque de Charles V.

Dans *Le Songe du Vergier* (voir p. 166), le chevalier expose les thèses gallicanes. Y est affirmée l'indépendance du roi au temporel et le Songe dénie au pape le droit de déposer le roi fût-il « tyran ou hérétique ». Le Songe est le premier traité gallican. Il restera une mine d'arguments pour les gallicans jusqu'au xixe siècle.

c. Lors de la crise conciliaire.

Pierre d'Ailly, Gerson, le concile de Constance (voir p. 166) affirment la supériorité du concile sur le pape, ce qui est l'une des thèses majeures du gallicanisme. Doctrine condamnée par Rome avec une grande constance : bulle *Execrabilis* (18 janvier 1460) ; bulle *Suscepti regiminis* de Jules II (1509) ; bulle *In coena Domini* de Grégoire XIII (1583) ; constitution *Apostolicae Sedis* (1869) ; constitution dogmatique du Ier concile du Vatican *Pastor Aeternus* (18 juillet 1870), chap. 3, Code de droit canonique de 1917, c. 2322.

Ordonnance du 27 juillet 1398, prononçant la soustraction d'obédience.

Conciles nationaux de 1396, 1398, 1406.

L'Ordonnance du 18 février 1407 fait des décisions du concile de 1406 des lois du royaume.

Début juin 1438 réunion d'une assemblée du clergé de France à Bourges. Celle-ci aboutit au vote de la *Pragmatique sanction de Bourges* (7 juillet 1438). Expression du gallicanisme :
— dans sa forme : il s'agit d'une loi du roi, prise à la demande de son clergé, pour restaurer l'ancienne discipline ;
— et dans ses dispositions essentielles, largement reprises au concile de Bâle. En particulier : la supériorité du concile sur le pape, le principe de la réunion d'un concile général tous les dix ans, la limitation des droits du pape de disposer des bénéfices en France, la suppression des taxes sur le clergé français, la limitation des appels portés à Rome. La *Pragmatique* est abrogée par Louis XI en 1461, rétablie en 1463-1464, abrogée en 1467.

Bibliographie.

V. MARTIN, *Les Origines du gallicanisme*, 2 vol., Paris, 1939 (fondamental).

G. MOLLAT, « Les Origines du gallicanisme », RSR, 14, 1934.

H. X. ARQUILLIÈRE, « Charlemagne et les origines du gallicanisme », *L'Université catholique*, 62, 1909, 219-235.

N. VALOIS, *Histoire de la « Pragmatique sanction de Bourges »*, Paris, 1906.

J. ROYER, *L'Église et le Royaume...*, cité p. 166.

J. KRYNEN, « Le roi "très chrétien" et le rétablissement de

la "Pragmatique Sanction" », *Églises et pouvoir politique, Actes des journées d'histoire du droit*, Angers, 1985, 135-149.

III. Les concordats

— 1198. concordat avec le royaume de Sicile.

Bibliographie. A. N. DE ROBERTIS, « Il Concordato del 1198 tra la Sancta Sede e il regnum Siciliae », *Archivio storico pugliese*, 31, 1978, 67-76.

— France.

Concordat de 1418 rendu obligatoire dans la France bourguignonne par ordonnance du 9 septembre 1418 ; pas appliqué, en principe, dans la France du Dauphin ; caduc depuis 1423.

Des négociations avec l'occupant anglais, Henri VI (1425-1426), spécialement sur la question bénéficiale. Ordonnance d'Henri VI du 26 novembre 1425 confirmée en 1430.

1426, accord entre le pape et Charles VII.

7 juillet 1438, ordonnance rendant applicable la Pragmatique Sanction de Bourges.

La Pragmatique est abrogée en 1461, rétablie en 1463-1464, abrogée en 1467.

Bibliographie. N. VALOIS, *Histoire de la « Pragmatique Sanction de Bourges »*, Paris, 1906.

L. GAZZANIGA, *L'Église du Midi à la fin du règne de Charles VII (1446-1461)*, Paris, 1976.

Concordat de 1472, mais bientôt conflit avec Sixte IV.

Bibliographie. P. OURLIAC, « Le Concordat de 1472 », RHD, 1942, 174-223 ; 1943, 117-154.

Concordat de Bologne, négocié après Marignan ; bulles du 18 août 1516, sanctionnées par le concile de Latran, le 19 décembre 1516 ; présenté au roi fin avril 1517, enregistrement par le Parlement « d'exprès commandement du roi », le 22 mars 1518.

— Empire.

Concordat de 1448 avec Frédéric III.

Concordat de 1449 avec les princes allemands.

Bibliographie. A. MEYER, « Das Wiener Konkordat von 1448 », *Quellen und Forschungen aus italienische Archiv.* 66, 1986, 108-152.

TROISIÈME PARTIE

L'ÉPOQUE MODERNE
Du Concile de Trente (1545-1563)
à la fin du XXe siècle

Deux faits essentiels marquent au xvıᵉ siècle l'histoire de l'Église : la rupture de l'unité de la Chrétienté occidentale, à la suite du mouvement de la Réforme et le concile de la Contre-Réforme catholique, réuni à Trente de 1545 à 1563. Les suites de ces deux événements dominent l'histoire du droit canonique depuis quatre siècles.

De leur côté, les États modernes affirment de plus en plus leur indépendance et leur souveraineté. Leurs relations avec l'Église oscillent entre des alliances de fait ou de droit (concordats) et des séparations pacifiques ou des conflits violents. La situation est naturellement très différente selon que l'on se trouve en présence d'États catholiques ou protestants, de gouvernements « neutres » ou hostiles.

Enfin un courant de sécularisation ne cesse de se développer depuis la Renaissance. Propagé sous des formes diverses par les humanistes, les philosophes, les scientifiques et, d'une façon générale, par la fraction la plus brillante, la plus active et la plus nombreuse du « monde des idées », ce courant pénètre de plus en plus la société, conduisant parfois à des vagues de « déchristianisation ».

Menacée de l'intérieur et de l'extérieur, l'Église, et parfois son droit, adoptent des positions le plus souvent défensives, soucieuses de sauvegarder la tradition dans un renforcement de la centralisation et de l'autorité romaine.

Si telles sont les lignes maîtresses, la fin du xvıııᵉ siècle, avec la Révolution française et ses répercussions à travers l'Europe continentale, marquent une étape essentielle. Elle constituera pour nous une césure entre « l'Ancien Régime » (1545-1789) et « les temps nouveaux » (1789 - fin du xxᵉ siècle).

Bibliographie.

1. Histoire générale de l'Église.

D'une bibliographie pléthorique (histoire générale, étude particulière d'une période, d'un pays, d'une question), on ne retiendra que quelques titres, qui fourniront orientation et documentation.

H. JEDIN (éd.), *Handbuch der Kirchengeschichte* : t. IV.1, *Reformation und katholische Reform*, Fribourg, 1967 ; t. V, *Zeitalter des Absolutismus und der Aufklärung*, 1967 ; t. VI.1, *1789-1878* ; t. VI.2, *1878-1914* ; t. VII, *Die Weltkirche im 20. Jahrhundert*, 1979. − traduction italienne sous le titre *Storia della Chiesa*, Milan : t. VI, *Réforme et Contre-Réforme* ; t. VII, *XVIᵉ-XVIIᵉ siècles*, 3ᵉ éd. 1981 ; t. VIII.1, *1775-1830*, 2ᵉ éd. 1980 ; t. VIII.2, *1830-1870* ; t. IX, *La Chiesa negli stati moderni, 1878-1914*, 1979 ; t. X, *La Chiesa del XX secolo 1914-1975*, 1980.

J. LE GOFF et R. RÉMOND (éd.), *Histoire religieuse de la France*, t. II, Fr. LEBRUN (éd.), *Du christianisme flamboyant à l'aube des Lumières, XIVᵉ-XVIIIᵉ siècle*, Paris, 1988.

R. AUBERT *et alii*, « L'Église dans le monde moderne (de 1848 à nos jours) » dans la *Nouvelle histoire de l'Église.*

G. CHOLVY et Y. M. HILAIRE, *Histoire religieuse de la France contemporaine, 1880-1988*, 3 vol., Toulouse, 1985-1988.

J. KLOCZOWSKI, *Histoire de l'Église en Pologne*, trad. fse 1987.

G. PENCO, *Storia della Chiesa in Italia*, vol. II, *Dal concilio di Trento ai nostri giorni*, Milan, 1978.

2. Histoire du droit canonique.

Dans l'*Histoire du droit et des institutions de l'Église en Occident* (HDIEO) :

T. XIV, J. BERNHARD, Ch. LEFEBVRE, F. RAPP, *L'Époque de la Réforme et du concile de Trente*, Paris, 1989.

T. XV, vol. I, *L'Époque moderne*, 1563-1789, Ch. LEFEBVRE, « Les sources du droit », p. 9-106, 1976.

T. XVI, *Le Droit et les Institutions de l'Église latine de la fin du XVIIIe siècle à 1978*, R. METZ, « Les sources du droit », p. 140-371, 1981.

L'Ancien Régime

(1545-1789)

CHAPITRE V

LES SOURCES CRÉATRICES
DU DROIT

Depuis le XVIe siècle, la plupart des États européens connaissent un régime d'absolutisme monarchique. Nous laissons hors de notre enquête, les États anglicans ou protestants, dans lesquels le souverain est à la fois prince temporel et chef d'une Église nationale. Sous d'autres formes, dans les États catholiques, le prince intervient en plusieurs domaines de la discipline ecclésiastique, fixant des normes et réglant des conflits. Cela est particulièrement net en France, ce qui nous conduira à prendre ce pays comme exemple d'une telle attitude.

Ainsi, à côté du droit canonique, se constitue un droit d'origine séculière en matière ecclésiastique, dont nous aurons à dire les sources et les domaines d'intervention. Deux sections, par conséquent, constitueront ce chapitre.

SECTION I. LE DROIT CANONIQUE

Le renforcement de la centralisation romaine, une organisation plus poussée des organes de la curie, la toute-puissance du pontife, dont les fondements scripturaires et dogmatiques, sont confortés par l'exemple des monarchies absolues, assurent la prééminence de la législation pontificale ; la législation conciliaire n'a pas disparu pour autant ; et on ne saurait oublier la persistance des législations locales.

La législation pontificale

Sa conservation est assurée par les bullaires. Ceux-ci apparaissent au XVIᵉ siècle avec le *Bullarium* de L. CHERUBINI, Rome, 1586, 3 vol. (nlle. éd. complétée, en 6 vol. en 1673) donnant des bulles de Grégoire VII (1078-1085) à Sixte V (1585-1590).

Des publications successives (voir VAN HOVE, *Prolegomena*, 395-396) aboutissent au

Magnum Bullarium romanum

18 tomes en 32 volumes, allant de 440 à 1758.

Rome 1739-1762 (médiocre et incomplet).

Nouvelle édition (moins bonne) *Bullarium Taurinense*, Turin, 1857-1872, 24 vol.

— Des bullaires particuliers ont également été publiés. Citons ceux de

Sixte V (1585-1590), Rome, 1588.

Innocent XI (1676-1689), *Epistolae ad Principes*, 2 vol., Rome, 1891-1895.

Clément XI (1700-1721), *Espistolae et brevia selectiora*, 2 vol., Rome, 1724.

Clément XIV (1769-1774), A. THEINER, *Clementis XIV P. M. Epistolae et Brevia selectiora*, Paris, 1852.

Benoît XIV (1740-1758), 4 volumes, dont le premier fut envoyé à l'université de Bologne, comme « code authentique » (const. *Iam fere*). Sur l'activité législative de Benoît XIV, le plus grand pape législateur de son siècle, voir Ch. LEFEBVRE, HDIEO, XV[1], 29, n. 127.

— Sur les publications des constitutions de papes du XIVᵉ au XVIIIᵉ siècle, faites sur leur ordre, voir Ch. LEFEBVRE, *ibid.*, 30, n. 141. La valeur officielle de ces bullaires n'est, en général, pas reconnue par la doctrine (voir Fr. SCHMALZGRÜBER, *Ius canonicum universum*, Dissert. praem. n° 387). Sur le *Bullaire de Benoît XIV* : Ch. LEFEBVRE, « Le premier tome du "Bullaire de Benoît XIV" a-t-il été promulgué authentiquement ? », *Mélanges Andrieu-Guitrancourt*, Paris, 1971, 615-622.

– Actes des congrégations romaines.

Ces congrégations apparaissent au XVIe siècle et prennent une importance considérable dans le gouvernement de l'Église et l'expression de règles. Sur l'autorité et la diffusion de leurs actes, voir

VAN HOVE, 398-402.

A. STICKLER, *Historia Fontium*, 320-337.

Ch. LEFEBVRE, HDIEO, t. XV[1], 33-34.

La législation conciliaire

A. CONCILES ŒCUMÉNIQUES

1. Histoire.

Dans l'*Histoire des conciles œcuméniques*, t. X, *Latran V et Trente*, Ire partie, 1975 ; t. XI, *Trente*, IIe partie, 1981.

H. JEDIN, *Geschichte des Konzils von Trient*, 4 vol., 1951-1975 (trad. fse).

J. BERNHARD, Ch. LEFEBVRE, F. RAPP, *l'Époque de la Réforme et du concile de Trente*, HDIEO, t. XIV, 1990.

2. Textes et documents.

Dans les *Conciliorum oecumenicorum decreta*, 3e éd. Bologne, 1973 Latran V (1512-1517), p. 593-655 ; Trente (1545-1563), p. 657-799.

A. MICHEL, *Les Décrets du concile de Trente*, Paris, 1958.

Concilium Tridentinum diariorum, actorum, epistolarum, tractatuum nova collectio, « Görresgesellschaft », 13 vol., 1901-1950.

B. CONCILES PARTICULIERS

Bibliographie. A. STICKLER, 291.

On consultera, malgré leurs insuffisances :

J. B. MANSI, *Sacrorum conciliorum... collectio*, dont les t. 31 *bis* à 35 donnent le texte des conciles pour la période 1439-1720, d'après des éditions antérieures (Ph. LABBE et G. COSSART, E. BALUZE, J. HARDOUIN).

K. J. HEFELE-H. LECLERC, *Histoire des conciles*, t. IX et X, *Concile de Trente*, 1931-1938.

Collections régionales.

— Allemagne. J. HARTZHEIM, *Concilia Germaniae*, 11 vol., Cologne, 1749-1790.

— Espagne. TEJADA Y RAMUS, *Coleccion de canones y de todos los concilios de la Iglesia de Espanā y de America*, 6 vol., Madrid, 1859-1863.

— France. D. LABAT, *Conciliorum Galliae... collectio*, Paris, 1789.

— Grande-Bretagne et Irlande.

D. WILKINS, *Concilia magnae Britanniae et Hiberniae*, de 446 à 1717, 4 vol., 1737-1774 ; reprod. 1985.

A. HADDAN, W. STUBBS, *Councils and Ecclesiastical Documents relating to the Great Britain a. Ireland*, 3 vol., Oxford, 1869-1878. J. SAWICKI, *Concilia Poloniae*, 9 vol., Varsovie, 1945-1957.

— Pologne. J. SAWICKI, *Concilia Poloniae*, 9 vol., Varsovie, 1945-1957.

C. CONCILES PROVINCIAUX
ET SYNODES DIOCÉSAINS

J. SAWICKI, *Bibliographia synodorum particularium*, 2 vol., Rome, 1967, avec des suppléments dans BMCL de 1968 à 1976.

1. Conciles provinciaux.

Une réunion tous les trois ans avait été prescrite par Martin V en 1425, prescription renouvelée par les conciles de Latran V, 10e session (4 mai, 1515) et Trente, 24e session, *De Reformatione*, c. 2.

Prescription mal observée, tant en raison de difficultés diverses rencontrées dans les provinces, que des entraves mises par certains princes (dans les pays protestants, mais aussi en Espagne).

Ces conciles furent relativement réguliers au XVIe siècle et au début du XVIIe siècle ; ils devinrent beaucoup plus irréguliers par la suite.

Leurs décisions étaient soumises à « reconnaissance » (qui ne valait pas approbation) par la Congrégation du concile (Benoît XIV, *De syn. dioc.*, l. 12, c. 3, n. 3).

2. Synodes diocésains.

En principe annuels (concile de Trente, *ibid.*). Mais, ici encore, les tenues furent irrégulières (D. MENOZZI, *Crist. nella storia*, 8, 1987, 115-149.

Bibliographie. L. TRICHET, *Le Synode diocésain*, Paris, 1992.

Les statuts diocésains sont présentés par l'évêque, rarement discutés par les participants...

La fréquence de ces statuts est très variable : Besançon (entre 1586 et 1707) : 87 statuts ; 36 à Bordeaux (1600-1688) ; 12 à Noyon (1505-1685) ; 10 au Mans (1605-1680) ; 8 à Paris (1608-1697).

11 synodes réunis par Charles Borromée dans son diocèse de Milan de 1564 à 1584 ; 38 à Bénévent entre 1686 et 1723 par le futur Benoît XIII.

Nombre de ces statuts introduisent, avec un grand retard, le droit tridentin dans la législation diocésaine : Narbonne, 1609 ; Fribourg en Suisse, 1665. Les statuts font également référence à des constitutions pontificales et à des instructions des congrégations romaines. Ainsi le droit universel passe dans la législation locale. Grâce à elle il est connu et peut recevoir application.

Mais le synode provincial n'est pas toujours bien vu. Rome est réservée vis-à-vis d'une législation locale, qui risque d'échapper à son contrôle ; les évêques redoutent parfois d'affronter le synode. Le synode compte de dangereux partisans, qui ne servent pas sa cause : jansénistes, parochialistes, défenseurs des droits du second ordre (Drapier, J. P. Gibert, Fleury, Van Espen, Febronius, Maultrot, etc.), et ceux des droits du roi.

Sur le synode de Pistoia (1786), dont les thèses furent condamnées par Pie VI *(Auctorem fidei)*, voir C. FANTAPPIE, *Per uno rilettura del sinodo di Pistoia del 1786*, « Cristianesimo nella storia », IX, 3, 1988, 541-569.

Les décisions judiciaires

Elles émanent des instances romaines et des officialités locales. Par divers moyens de procédure (appel, évocation, etc.) et du fait de l'autorité suprême de Rome, ce sont les premières qui comptent dans la formation du droit.

Aussi ne retiendrons-nous que les tribunaux romains et avant tout la Rote romaine.

Bibliographie.

A. STICKLER, *Historia Fontium* 338-344.

Ch. LEFEBVRE, « Vᵉ Rote romaine », *Dictionnaire de droit canonique*, t. VII, 742-771.

G. GORLA, « Grandi tribunali italiani fra i secoli XVI e XIX », *Quaderni del foro italiano*, Rome, 1969, 14 s.

M. ASCHERI, « Rechtssprechungsammlungen », dans : H. COING (éd.), *Handbuch der Quellen und Literatur*, Vol. II, 2, Munich, 1976, 1134-1140.

Sur les deux autres tribunaux romains − la Signature de justice, la Sacrée pénitencerie − voir A. STICKLER, 345.

La Rote

A. Historique.

Des *capellani* traitent des affaires judiciaires parvenues à Rome, dès le pontificat d'Innocent III. En 1252 apparaît un *auditor generalis causarum*. Le terme de Rote apparaît au second tiers du XIVᵉ siècle. Premier règlement donné par Jean XXII, en 1331.

Pour la procédure au XVIᵉ siècle, voir Johannes Petrus DE FERRARIIS, *Nova judicialis practica*, multiples éditions, Lyon, 1527, 1556, etc.

B. Publication des décisions de la Rote
(partielle et complexe)

1. Publications anciennes.

Th. FALSTOLI a rassemblé les *Decisiones antiquiores* (pour 1336-1337).

B. DE BISGNETO (ou Bousqueto), celles pour 1355-1365. Ces décisions ont été publiées à Lyon (1555).

Decisiones antiquae (1372-1374), réunies par G. GALLICI et G. HORBOCH, Lyon, 1555.

Decisiones avenionenses (1374, 1375, 1377, 1378) par G. BELLEMÈRE, Lyon 1556.

Decisiones novae (1376-1389), par G. HORBOCH, Lyon, 1555.

Decisiones aureae, par G. CASSADORI, Lyon, 1556.

2. Collections modernes.

P. FARINACIUS, *Sacrae romanae Rotae decisiones recentiores*, 4 vol.,

1re éd. Lyon, 1608 (décisions depuis 1558).

P. FARINACIUS, P. RUBEUS, J. B. COMPAGNUS, *Sacrae romanae Rotae decisiones recentiores*, 25 vol. (et 5 de tables), Venise, 1697 ; Rome, 1703 (décisions de 1558 à 1683).

Nuperrimae decisiones (de 1684 à 1706), 10 vol.

Le cardinal J. DE LUCA a réuni en 4 volumes sous le titre *Sacrae romanae Rotae decisiones* (Naples, 1713) les décisions les plus importantes de 1678 à 1707 ; voir aussi son *Theatrum*, t. XV, 1726, « Relatio curiae romani disc. », 32.

3. Période 1706-1912.

Pas de collections générales pour cette période (date des débuts d'une publication régulière des Sentences de la Rote).

Des publications de *Sententiae* partielles.

En 1688, la décision fut prise de réunir en volumes le texte authentique des décisions de la Rote. D'où des volumes annuels conservés aux archives de la Rote (aujourd'hui aux Archives vaticanes). Ce sont les *Decisiones coram (auditore ponente)*. Plus de 9 000 volumes aux Archives vaticanes, la quasi-totalité des décisions depuis 1688.

SECTION II. LE DROIT SÉCULIER
EN MATIÈRE ECCLÉSIASTIQUE

La législation royale

A. LA LÉGISLATION ROYALE

On en trouvera les actes essentiels dans :

M. ISAMBERT, Recueil général des anciennes lois françaises, 28 vol., Paris, 1823-1827.

L. DE HÉRICOURT (1687-1752), avocat au Parlement de Paris, a publié en 1719 *Les Lois ecclésiastiques de la France dans leur ordre naturel*, où l'on trouve certains textes d'ordonnances, édits, déclarations, arrêts.

DUROUSSEAU DE LA COMBE, *Recueil de jurisprudence canonique et bénéficiale*, Paris, 1748 (un dictionnaire et un recueil de textes législatifs séculiers).

D. JOUSSE (1704-1781), conseiller au Présidial d'Orléans, a publié en 1764 un *Commentaire sur l'édit d'avril 1695 concernant la juridiction ecclésiastique* (2 vol., in 12°). Le second volume contient « les principaux édits, ordonnances, déclarations et autres règlements concernant la juridiction ecclésiastique » de 1580 à 1763.

B. TEXTES PRINCIPAUX

1. XVI⁰ siècle.

1516 : Concordat de Bologne.

1539 : Ordonnance de Villers-Cotterets sur la réformation de la justice et l'abréviation des procès (bénéfices, sépultures, appel comme d'abus, registres paroissiaux).

1560 : Ordonnance d'Orléans (choix des évêques, bénéfices,

annates, résidence, réserve, grâces expectatives, exemptions, incorporations, monastères, profession religieuse, prévention, blasphème, testaments, dimanches, administration du temporel, etc.).

1566 : Édit de Moulins (cas privilégiés, bénéfices).

1571 : Déclaration faite sur les plaintes du clergé (nomination des prélats, bénéfices, censures, etc.).

1579 : Ordonnance de Blois (bénéfices, monastères, résidence, mariage, dîmes, immunités, appel comme d'abus, etc.).

1580 : Édit de Melun (monastères, bénéfices, immunités, temporel, etc.).

1598 : Édit de Nantes.

2. XVIIe siècle.

1606 : Édit sur remontrances du clergé (31 articles de discipline ecclésiastique).

Septembre 1610 : Édit sur remontrances du clergé.

Janvier 1619 : Ordonnance sur plaintes de l'Assemblée de 1614 (199 articles dont une quarantaine concernent la discipline ecclésiastique).

1666 : Déclaration sur remontrances du clergé, relative à la conservation des immunités (30 articles).

1682 : Édit sur les quatre articles.

1685 : Édit révoquant l'édit de Nantes.

Avril 1695 : Édit sur la juridiction ecclésiastique (qui dépasse très largement le seul domaine juridictionnel).

3. XVIIIe siècle.

5 octobre 1726 : Déclaration sur les droits des curés primitifs et des vicaires perpétuels.

1749 : Édit sur la mainmorte avec déclaration interprétative du 20 juillet 1762.

1752 : Édit sur les ordres religieux.

La jurisprudence

Deux moyens procéduraux ont été des plus utiles aux parlements pour connaître d'affaires de discipline ecclésiastique.

— L'appel comme d'abus (voir R. GÉNESTAL et P. TIMBAL, *Les Origines de l'appel comme d'abus*, Paris, 1950).

— La théorie des cas privilégiés (en matière pénale) (voir G. LEPOINTE, « Cas privilégiés », *Dictionnaire de droit canonique*, t. II, 1937, 1382-1396).

La jurisprudence du Parlement et du Conseil du roi. Elle n'est pas publiée et les registres sont parfois d'utilisation difficile, faute de tables suffisantes. Pour le Parlement de Paris un dépouillement des arrêts, sur fiche d'abord puis sur ordinateur, est en cours. Il n'a pas dépassé le XIVe siècle. Divers travaux ont été consacrés à la jurisprudence des parlements et du Conseil du roi. On ne peut les citer ici.

Bibliographie (déjà ancienne et dépassée). G. WALTER dans le *Handbuch der Quellen und der Literatur der neueren europäischen Privatrechtsgeschichte*, vol. II, 2, 1976, 1223-1270.

CHAPITRE VI

LA DOCTRINE

La doctrine, elle aussi, subit les contrecoups des progrès de l'indépendance des pouvoirs politiques vis-à-vis de l'Église et de la sécularisation de la société. D'où l'importance de la littérature, qui était apparue au XIVᵉ siècle, sur les droits que revendique le Prince en matière de discipline ecclésiastique et sur sa volonté croissante de marquer son indépendance vis-à-vis de l'autorité romaine. Nous la retrouverons au chapitre VII (p. 205-208).

Les œuvres, qui concernent le droit canonique proprement dit, reflètent les tensions qui parcourent la société ecclésiastique. En face des thèses de la Réforme, de celles qui mettent en avant le rôle de l'épiscopat ou qui demandent une place plus importante pour le « clergé du second ordre », la doctrine « orthodoxe » reste souvent sur la défensive, maintenant fermement les positions tridentines.

Il faut d'ailleurs noter que cette littérature n'est plus seulement l'œuvre de clercs. Des laïcs interviennent également dans les débats doctrinaux.

D'une façon générale, deux courants doctrinaux renouvellent la réflexion juridique à partir du XVIᵉ siècle. L'essor de la « seconde scolastique » donne à la doctrine canonique du XVIᵉ siècle un nouvel éclat. De son côté l'« école du droit naturel » se montre soucieuse d'une nouvelle systématisation du droit. On ne citera à cet égard que l'exemple de Jean Bodin dont la *Iuris universi distributio* (1580) propose un exposé rationnel et méthodique des éléments du droit. Ainsi dépassait-on la *iuris prudentia* pour s'élever vers une *scientia*.

Pour des raisons multiples, les hommes d'Église que sont

les canonistes restent réservés, parfois méfiants, vis-à-vis de l'école du droit naturel, qui compte nombre de protestants, de jansénistes, de gallicans. Mais les canonistes n'ont pu ignorer ce mouvement d'idées et quelques-uns de leurs traités au XVIIIe siècle, sont marqués par cette école (par exemple le *Corpus iuris canonici per regulas naturali ordine digestas*, de J. P. GIBERT, 3 vol. in f°, Lyon, 1737).

Avec la Renaissance et l'humanisme, l'âge des gloses, des sommes, des commentaires et des *concilia*, plus soucieux d'analyse que de systématisation est révolue.

L'époque moderne voit apparaître de grands traités, qui entendent donner un exposé complet du droit. Ils ajoutent au commentaire des décrétales médiévales l'apport de la législation et de la jurisprudence modernes (constitutions pontificales et décisions de la Rote, en particulier). Ces recueils, souvent d'une ampleur considérable, se veulent des exposés de tout le droit canonique, d'où le nom de plusieurs d'entre eux : *Ius canonicum universum*. Mais, si ces gros traités apportent une riche documentation, ils restent le plus souvent fidèles au plan des cinq livres des Décrétales de Grégoire IX. Parfois ils l'affirment dès leur titre : exposé du droit *secundum ordinem quinque Librorum decretalium*.

Une tentative originale de renouvellement de la méthode d'exposition a cependant été faite par un professeur de droit canonique de Pérouse, Giovannni Paolo LANCELOTTI (1522-1590), qui publiait en 1563 des *Institutiones iuris canonici quibus ius pontificium singulari methodo libris quatuor comprehenditur*. L'auteur abandonnait le modèle des collections de décrétales du XIIIe siècle pour revenir à celui donné au VIe siècle par les *Institutes* de Justinien (qui elles-mêmes reprenaient le plan de manuels de droit romain du IIe siècle de notre ère). Renouvellement par un retour à l'Antiquité ; abandon du plan traditionnel des manuels de droit canonique pour demander secours à ceux du droit de la Rome païenne ! Ainsi en allait-il de l'humanisme des canonistes.

Le droit canon était ainsi invité à s'intégrer dans les quatre rubriques : personnes, choses, procès, droit pénal.

Il n'est pas besoin de souligner les déficiences de ce plan, conçu pour un exposé de droit privé séculier, et qui est appliqué à l'ensemble du droit d'une société religieuse. Son succès fut cependant considérable. Nombre de manuels, presque tous aujourd'hui tombés dans un oubli profond, ont adopté ce plan, s'intitulant, comme les *Institutes* de Justinien (et de nombreux manuels de droit séculier de leur temps) : *Institutiones*.

Ainsi du XVIᵉ au XXᵉ siècle deux systématisations du droit canonique coexistent : celle — de beaucoup la plus répandue —, des cinq livres des Décrétales de Grégoire IX, l'autre — préférée par des manuels plus modestes — en quatre livres, reprise aux *Institutes* de Justinien. Insuffisantes l'une et l'autre, elles ne peuvent accueillir l'ensemble des matières canoniques qu'au prix de véritables acrobaties, doctrinalement peu justifiables. Curieusement ces deux plans « valorisent » le droit pénal, lui consacrant leur dernier livre. Le poids s'en fera sentir jusque dans le Code de 1917.

Les indications qui suivent ne prétendent pas donner un tableau complet de la littérature canonique pendant trois siècles (XVIᵉ-XVIIIᵉ siècle). Ne retenant que les œuvres majeures, elles veulent simplement souligner la diversité des courants et des formes. Nous renvoyons au chapitre VII pour ce qui concerne les relations entre l'Église et les États.

SECTION I. LES XVIᵉ ET XVIIᵉ SIÈCLES

On retiendra d'abord les œuvres d'ensemble, puis on signalera quelques études particulières.

Œuvres d'ensemble

P. G. LANCELOTTI, *Institutiones iuris canonici...*
Lancelot, originaire de Pérouse, où il enseigna le droit canonique, aurait souhaité que ses *Institutiones* fussent promulguées par Paul IV, comme celles du droit romain l'avaient été par l'empereur Justinien. Devant le silence de la papauté, il les publia en 1563.

P. FAGNAN (1588-1678), Italien, secrétaire de la Congrégation du concile ; le plus illustre canoniste de son temps.

Ius canonicum seu commentaria in V Libros decretalium, 3 vol. (résume tout le droit canonique médiéval).

A. BARBOSA (1590-1649), Portugais, évêque en 1648.

Ses *Remissiones* sur les décrets de Trente (1618) furent mises à l'Index (1821) pour avoir violé la défense de commenter les textes du concile de Trente, édictée par la constitution de confirmation du concile.

Iuris ecclesiastici Libri III (de personis, de locis, de rebus ecclesiasticis).

Repertorium iuris civilis et canonici, Opera omnia, 22 vol., Lyon, 1647-1709.

J. B. DE LUCA (1614-1683), avocat, puis auditeur de Rote, cardinal (1681).

Theatrum veritatis et iustitiae, 16 vol., Rome, 1671 ; Venise, 1734-1740, 21 vol. in-16°.

Théoricien du *ius publicum ecclesiasticum*, il distingue le *ius publicum ecclesiasticum internum* (la constitution hiérarchique de l'Église) et le *ius publicum ecclesiasticum externum* (les rapports Église-États). De Luca se refuse à condamner les thèses de l'Assemblée du clergé gallicane, comme le lui demandait Innocent XI. Auteur d'un *Il Principe cristiano pratico*.

Bibliographie. A. ZANETTI, *Cultura giuridica... nell' opera del Cardinal Giovanni Battista de Luca*, Semin. giur. universita di Bologna, Milan, 1983 (qui le tient pour représentant de « la science juridique baroque ») ; A. LAURO, *Il cardinale G.B. de Luca*, Naples, 1991.

Études particulières

Signalons, à titre d'exemple :

Ch. FEVRET (1583-1661), *Traité de l'abus*, 4ᵉ éd. 1689.

P. REBUFFE (1481-1557), *Praxis beneficiorum*, Venise, 1554-1560.

Th. SANCHEZ (sj) (1550-1610).

Casuiste, dont Pascal dénoncera le laxisme.

De sancto matrimonii sacramento, Gênes, 1593.

A. AUGUSTIN (1517-1586), évêque de Tarragone (1570). Fait une critique historique des sources du droit canonique, spécialement du Décret de Gratien.

Opera omnia, Lucques, 1765-1777.

SECTION II. LE XVIIIᵉ SIÈCLE

1. Grands traités.

A. REIFFENSTUEL (franciscain), professeur à Freissing.
Ius canonicum universum, Freising, 1700-1714.
Fr. SCHMALZGRÜBER (sj), professeur à Ingolstadt.
Ius ecclesiasticum universum, Ingolstadt, 1717.
B. VAN ESPEN (1658-1728), canoniste de Louvain, janséniste.
Ius ecclesiasticum universum, Cologne, 1771.
Bibliographie. M. NUTTINCK, *La Vie et l'Œuvre de Van Espen*, Louvain, 1969.
BENOÎT XIV, *De synodo diocesana Libri XIII*, 2 vol. en un tome, Venise, 1787.

2. Institutes.

Voir, par exemple :
Cl. FLEURY (1640-1723), *Institutes de droit ecclésiastique*, Paris, 1676 (publiées sous le pseudonyme de Charles Bonel), puis 1687 ; 1711, etc.
J. P. GIBERT (1660-1735), gallican modéré.
Institutes ecclésiastiques et bénéficiales suivant les principes du droit commun et des usages de France, Paris, 1720.
P. T. DURAND DE MAILLANE (1729-1814), *Institutes de droit canonique*, Lyon, 1770.

3. Répertoires et dictionnaires.

L. DE HÉRICOURT (1687-1752), avocat au Parlement de Paris.
Les Lois ecclésiastiques de la France dans leur ordre naturel, 1719. Traité méthodique de droit ecclésiastique français qui comprend : une analyse du Décret de Gratien, puis celle de X, VI°, Cl. et Ext. « conférés avec les usages de l'Église gallicane » ; des textes législatifs royaux et des décisions des juridictions royales en matière ecclésiastique.

L. THOMASSIN de l'Oratoire (1619-1695), *Ancienne et nouvelle discipline de l'Église*, Lyon, 1676-1679.
Édition. J. F. ANDRÉ, 1867 (voir p. 206).

P. T. DURAND DE MAILLANE (1729-1814), *Dictionnaire de droit canonique et de pratique bénéficiale, conféré avec les maximes et la jurisprudence de France*, Avignon, 1761 ; 3ᵉ éd., Lyon, 1776, 5 vol. in-4°.

J. N. GUYOT, *Répertoire universel et raisonné de jurisprudence civile, criminelle, canonique et bénéficiale*, Paris, 1775-1786 ; 2ᵉ éd., 1784-1785, 17 vol. in-4°.
Bibliographie. Ch. A. CARDOT, « Regards sur le droit en France au temps de Louis XIV. "Le Répertoire universel et raisonné de jurisprudence" », *Annales de la Faculté de droit de Clermont-Ferrand*, 11, 1974, 195-271.

L. FERRARIS, *Prompta bibliotheca canonica, iuridica, moralia, theologica*, 8 vol., Bologne, 1746.

4. Grandes collections.

Recueil des actes, titres et mémoires concernant les affaires du clergé de France, 12 tomes en 15 vol. in-4°, 1768-1771 avec un classement méthodique : t. I, *De la foi catholique et de la doctrine de l'Église* ; t. II, *Des ministres* ; t. III, *Des cures et curés et de leurs vicaires...* ; t. IV, *Des réguliers* ; t. V, *Du culte divin* ; t. VI-VII, *De la juridiction ecclésiastique* ; t. VIII, 1, *Des assemblées du clergé* ; t. VIII, 2, *Receveurs et bureaux des décimes ; agents généraux du clergé* ; t. IX, *Contrats du clergé avec la royauté sur les impositions ; les receveurs généraux du clergé* ; t. X, *Bénéfices* ; t. XI, *Des droits du roi* ; t. XII, *Collateurs et patrons* ; t. XIII, *Cahiers, remontrances et harangues du clergé aux rois* ; t. XIV, *Tables*.

Procès-verbaux des assemblées du clergé (depuis 1560), Paris, 1767-1780, 8 vol. in f°.

5. Catéchismes.

Bibliographie.
P. RODRIGUEZ, R. LANZETTI, *El catecismo romano, fuentes y historia del texto*, Pampelune, 1982.

P. Vismara-Chioppa, *Il « buon Cristiano »*. *Dibatti e contese sul catecismo nella Lombardia fin settecento*, Pubbl. Fac. Lettere... Universita di Milano, n° 106 (Florence, 1983).

Sur l'opposition au catéchisme de Bellarmin. Le gouvernement voudrait un catéchisme qui ne soit ni janséniste, ni jésuite.

CHAPITRE VII

L'ÉGLISE ET LES ÉTATS
LES DÉBATS DOCTRINAUX

A. NONCIATURES

Nombreuses publications (le plus souvent encore en cours) concernant la correspondance des nonces. On rappellera simplement :

– Belgique. *Les Archives de nonciatures*, publication de l'Academica belgica à Rome.

– Espagne. *Documentos para la historia de las relaciones Iglesia-Estado en la España del siglo XIX* S.I, *Nunciatura*, Édité par l'université de Navarre.

– France. B. BARBICHE, *Lettres de Henri IV concernant les relations du Saint-Siège et de la France (1595-1609)*, « Studi e Testi » (Bibliothèque apostolique vaticane n° 250, 1968).

B. CONCORDATS

A. M. BETTANINI, « I concordati dell'età dell' assolutismo », *Chiesa e Stato*, Milan, 1939, I, 215-251.

C. DOCTRINES

R. CHOPPIN, *De sacra politia forensi Libri III* (trad. fse, 1617, *Trois livres de la police ecclésiastique*). Traité des droits du roi sur les personnes et les biens ecclésiastiques ; gallican.

P. PITHOU (1538/9-1596), avocat au Parlement de Paris.

Tractatus de libertatibus Ecclesiae gallicanae, publié par P. DUPUY (voir ci-dessous).

P. DE MARCA (1594-1662), archevêque de Toulouse, puis élu archevêque de Paris.

De Concordia sacerdotii et imperii, seu de libertatibus Ecclesiae gallicanae Libri VIII.

L. THOMASSIN (1615-1695), oratorien.

Ancienne et nouvelle discipline de l'Église, Lyon, 1676-1679 (version latine, ajoutant au titre « *circa beneficia et beneficiarios* », Paris, 1688).

L'édition J. F. ANDRÉ (Toulouse, 1867) donne le texte français, mais dans l'ordre des matières de la version en latin.

Bibliographie. P. CLAIR, *Louis Thomassin 1615-1695*, Paris, 1964.

P. DUPUY, *Preuves des libertés de l'Église gallicane*, 2 vol., Paris, 3ᵉ éd. 1651.

—, *Commentaire sur le « Traité des libertés de l'Église gallicane »*, de *P. Pithou*, 2 vol., Paris, 1715.

LE VOYER DE PONTIGNY, *Traité des bornes de la puissance ecclésiastique*, Cologne, 1682.

J. B. BOSSUET, *Defensio declarationis conventus cleri gallicanae ann. 1682 de ecclesiastica potestate*, 2 vol., Luxembourg, 1730.

B. VAN ESPEN (1646-1728), *Ius ecclesiasticum universum Opera omnia*, 2 vol., Cologne, 1729.

Bibliographie. M. NUTTINCK, *La Vie et l'Œuvre de Z. B. Van Espen*, Louvain, 1969.

J. L. BRUNET, *Traité des droits et libertés de l'Église gallicane*, 2 vol., Paris, 1731.

Fr. RICHER, *De l'autorité du clergé et du pouvoir du magistrat politique sur l'exercice des fonctions du ministère ecclésiastique*, 2 vol., Amsterdam, 1767. Il est démontré « comment il est important que le magistrat politique maintienne le clergé dans les justes bornes de son ministère ».

P. T. DURAND DE MAILLANE (1729-1814), *Les Libertés de l'Église gallicane, prouvées et commentées*, 5 vol., Lyon, 1771.

J. FEBRONIUS (J. N. von Hontheim), *De statu Ecclesiae et legitimo potestate romani pontificis Liber singularis*, Francfort, 1763.

Traduction française 1ʳᵉ éd. Venise (Paris), 1766 : *Traité du gouvernement de l'Église et de la puissance du pape.*

Influencé par le gallicanisme, le joséphisme, les Lumières ; dernière tentative de l'Église d'Empire pour s'émanciper de la curie.

P. J. VON RIEGGEN (1705-1775), professeur à Vienne ; influencé par l'École du droit naturel ; importante systématisation de la théorie de iusnaturalisme.

Institutionum iurisprudentiae ecclesiasticae, Pars I-IV, Vienne, 1765-1772.

Introductio in universum ius ecclesiasticum, Vienne, 1758.

Questions particulières.

a. Régale.

PINSON (avocat au Parlement), *Traité singulier des régales*, Paris, 1688, 2 vol.

b. Juridiction.

ANONYME, *Traité de la juridiction ecclésiastique contentieuse*, Paris, 1769, 2 vol.

D. JOUSSE, *Traité de la juridiction volontaire et contentieuse des officiaux et juges d'Église*, 1 vol. in-12°.

c. Bénéfices.

Cl. HENRY, *Traité des matières bénéficiales.*

d. Paroisses.

D. JOUSSE (conseiller au Présidial d'Orléans), *Traité du gouvernement spirituel et temporel des paroisses*, Paris, 1774, in-12°. Après 350 pages d'exposé, suit un « Recueil des principaux arrêts, édits et déclarations concernant le gouvernement temporel et spirituel des paroisses entre 1562 et 1768 ».

e. Mariage.

LAUNOY (1603-1678), *Regia in matrimonium potestas vel Tractatus*, Paris, 1674.

P. LÉRIDANT, *Code matrimonial*, 2 vol., Paris, 1770.

LORRY, *Essai de dissertation et recherches sur le mariage en sa qualité de contrat et de sacrement*, 1760.

Les Temps nouveaux

(1789-fin du XXe siècle)

Bibliographie. Aux ouvrages cités pages 177-178, on ajoutera R. METZ (éd.), *Le Droit et les Institutions de l'Église catholique latine de la fin du XVIIIᵉ siècle à 1978,* dans : HDIEO, t. XVI, XVII, XVIII, Paris, 1981-1984.

Au long des deux siècles qui courent des dernières décennies du XVIIIᵉ siècle aux ultimes années du second millénaire, l'Église latine subit de multiples assauts, allant des violences révolutionnaires aux attaques insidieuses de l'anticléricalisme, du mépris des « esprits forts » aux entreprises de l'athéisme. Notre propos n'est pas d'évoquer ces combats. Seule importe ici leur répercussion sur le droit canonique.

On ne saurait dire que ce droit les ait ignorés. Mais il n'a pas toujours été bouleversé profondément par des événements qui furent cependant d'une exceptionnelle gravité. Une carte politique singulièrement fractionnée et souvent remaniée, une société de plus en plus sécularisée, où le droit canonique voit son champ rétréci, telle est la « toile de fond ». Suivre dans le détail le parcours des acteurs serait impossible.

L'histoire des sources n'est pas celle des règles et des institutions, des « nouveautés » marquées par les chocs qu'ont connus ces deux siècles. Elle n'échappe pas cependant au poids de certains événements.

Pour la première fois dans sa longue histoire, l'Église se dote de codes, trois, en quelque soixante-dix ans. Elle vit un concile, qui dépasse ses prédécesseurs, non par sa durée, mais par le nombre de ses participants et, plus encore, par la nouveauté et l'ampleur des perspectives qu'il ouvrait au « Peuple de Dieu ».

Enfin, parce que l'Église, comme le dira ce concile, veut vivre dans « le Monde de son temps », ces deux siècles ont été particulièrement riches en négociations avec des pouvoirs politiques de formes et de tendances souvent fort différentes. Nombre de ces rencontres ont abouti à des concordats (ou à des accords de formes variées), que nous aurons à situer.

CHAPITRE VIII

LES DIRECTIVES ROMAINES

Les deux mots de ce titre doivent être expliqués. Et d'abord le qualificatif « romaines ». Il marque que la centralisation a atteint sa perfection et que la hiérarchie ne connaît guère de failles.

L'impulsion vient de Rome. La législation locale, celle des conciles et des statuts diocésains est surtout un relais qui assure la diffusion des instructions romaines. Si quelques nuances persistent, elles ne concernent guère que des points mineurs. Les usages, les coutumes locales ne gardent qu'un modeste domaine, sans grande portée, et d'ailleurs soigneusement surveillé. On en signalera quelques aspects au chapitre suivant.

A. DIVERSITÉ DES INTERVENTIONS
DU MAGISTÈRE

On a suivi dans les premières parties de ce « guide » une législation pontificale qui, du XIIe au XVe siècle, connut son apogée. L'âge moderne ne parle plus guère de « décrétales ». Rome intervient par des constitutions, des encycliques, voire des messages. Le droit y a sa place. Des normes sont édictées et parfois des sanctions menacent les contrevenants. Mais les textes dénoncent aussi déviations, abus et scandales. Morale et droit s'interpénètrent. Le conseil voisine avec l'impératif. Sans se refuser à formuler des « lois », encycliques, constitutions apostoliques, bulles, brefs, *motu proprio* ou simples lettres [1] dépassent le cadre du droit.

Il est encore plus difficile de préciser le caractère et la portée des instructions, décisions ou normes des dicastères romains [2].

De Pie VI à Jean-Paul II ce sont plus de 80 encycliques et plus de 40 constitutions qui ont été données par les souverains pontifes (voir les listes données dans les tables des vol. XVI, XVII, XVIII de l'HDIEO, pour la période antérieure à 1979).

Pour la période 1917-1974 : X. OCHOA, *Leges ecclesiae post codicem editae*, 4 vol., Rome, 1967-1974.

Liste des textes de réforme pour la période 1963-1978 dans HDIEO, t. XVI, 320-322.

Quelques références, qui ne prétendent pas donner une liste complète, feront apparaître la diversité des sujets abordés.

1. Défense de la doctrine.

Grégoire XVI, 15 mai 1832, enc. *Mirami vos* (dans le conflit avec La Mennais, elle s'oppose à la liberté de conscience et à la séparation entre Église et État).

Pie IX, 8 décembre 1864, enc. *Quanta cura* (y est joint le *Syllabus* « Contre les erreurs de notre temps »).

Pie X, 8 septembre 1907, enc. *Pascendi Domini gregis* (condamnation des erreurs modernistes en philosophie, théologie, apologétique, critique historique).

Pie XII, 12 août 1950, enc. *Humani generis* (raidissement doctrinal ; mise en garde contre les déviations).

2. La politique et les formes de gouvernement.

Léon XIII, 1er novembre 1885, enc. *Immortale Dei* (possibilité de formes diverses de gouvernement) ; 10 janvier 1890, enc. *Sapientiae christianae* ; 20 février 1892, enc. *Inter inumeras sollicitudines* (le Ralliement).

---

1. Sur cette terminologie et une imprécision dont le Code de 1983 n'a pu triompher, voir R. METZ, HDIEO, t. XVI, 157-172.

2. R. METZ, 173.

— *Les doctrines condamnées.*

Pie X, 11 février 1906, *Vehementer nos* (condamnation de la Séparation française).

Pie XI, 29 juin 1931, enc. *Non abbiamo bisogno* (mise en garde contre le fascisme) ; 14 mars 1937, enc. *Mit brennender Sorge* (condamnation de l'idéologie national-socialiste).

3. Le monde.

a. La paix.

Pie XII, 20 septembre 1939, enc. *Summi pontificatus* (l'organisation de la paix).

Jean XXIII, 11 avril 1963, enc. *Pacem in terris.*

Paul VI, 8 décembre 1972, message pour « La Journée de la paix ».

Jean-Paul II, 20 avril 1984, *Redemptionis anno Jubileo exeunte* (sur la situation de Jérusalem).

b. Questions sociales.

Léon XIII, 15 mai 1891, enc. *Rerum novarum.*

Pie XI, 15 mai 1931, *Quadragesimo anno.*

Jean XXIII, 15 mai 1961, enc. *Mater et Magistra* (élargissant la question sociale à l'échelle du monde).

Paul VI, 26 mars 1967, *Populorum progressio* (la justice sociale dans les nations et dans le monde). Voir la lettre au cardinal Roy, 9 mai 1971 *Octogesimo adveniente.*

Jean-Paul II, 14 septembre 1981, enc. *Laborem exercens* (sur le travail) ; 30 décembre 1987, enc. *Sollicitudo rei socialis* ; 1er mai 1991, enc. *Centesimus annus.*

4. L'Église.

a. Ecclésiologie.

Pie XII, 29 juin 1943, enc. *Mystici Corporis Christi.*

b. Organisation et gouvernement.

— Réforme de la curie.
Pie X, 29 juin 1908, cont. *Sapienti consilio.*
Jean-Paul II, 29 juin 1988, const. *Pastor bonus.*

— Organismes.
Paul VI, 15 août 1967, *Regimini ecclesiae universae* (le Secrétariat pour l'unité des chrétiens, créé en 1960, devient organe permanent).
Jean-Paul II, 9 mai 1981, *motu proprio Familia a Deo* (crée le Conseil pontifical pour la famille).

— Élection du pape.
Pie X, 25 décembre 1904, const. *Vacante Sede apostolica.*
Pie XII, 8 décembre 1945, const. *Vacantis apostolicae Sedis.*
Paul VI, 1975, const. *Romano pontifice eligendo.*

— Statut des cardinaux.
Paul VI, 21 novembre 1970, *motu proprio. Ingravescentem aetatem.*

— Réforme des ministères.
Paul VI, 15 août 1972, *motu proprio Ministeria quaedam.*

— Juridiction romaine.
Jean-Paul II, 26 décembre 1987, *motu proprio Sollicita cura* (Création d'un tribunal d'appel auprès du vicariat de Rome).

— Aumôneries militaires.
Jean-Paul II, 21 avril 1986, const. *Spirituali militum curae.*

— Liturgie.
Pie XII, 2 mars 1951, enc. *Mediator Dei.*

— Canonisation des saints.
Jean-Paul II, 25 janvier 1983, cont. *Divinus perfectionis Magister.*

— Renouveau des études bibliques.

Pie XII, 30 septembre 1943, enc. *Divino afflante Spiritu.*

– Réforme des universités catholiques.
Jean-Paul II, 15 août 1990, cont. *Ex corde Ecclesiae.*

– Déclaration du schisme de Mgr Lefebvre.
Jean-Paul II, 2 juillet 1988, *motu proprio Ecclesia Dei.*

5. Vie familiale et mariage.

Léon XIII, 10 février 1880, enc. *Arcanum divinae sapientiae.*
Pie XI, 31 décembre 1930, enc. *Casti connubii.*
Paul VI, 25 juillet 1968, enc. *Humanae vitae.*
Jean-Paul II, 1981, exhortation apostolique *Familiaris consortio.*
Jean-Paul II, 30 septembre 1988, lettre *Mulieris dignitatem.*

B. RECUEILS
D'ACTES LÉGISLATIFS

Deux *continuationes* du *Magnum bullarium romanum* donnent les actes pontificaux de 1775 à 1834 : Rome, 1842-1857 ; Prati 1849 à 1861, à la suite du Bullaire de Benoît XIV (t. VI à IX).

D'autre part, les actes de certains papes ont fait l'objet de publications particulières :
– *Acta Gregorii papae XVI* (1831-1846), 4 vol., 1901-1904 ; rééd. 1979).
– *Acta Pii IX* (1846-1878), Rome, 1854-1878, 9 vol.
– *Acta Leonis XIII* (1878-1903), Rome, 1881-1905, 23 vol.
– *Acta Pii X* (1905-1908), 5 vol., Rome, 1905-1913.
– *Actes de Pie XI* (1922-1939), Paris, 8 vol.

Les *Acta Sanctae Sedis* (Rome, 1865-1910, 41 vol.) ont publié les actes les plus importants des pontifes. La publication a valeur authentique.

Ils ont été suivis par les *Acta apostolicae Sedis* (AAS), qui, depuis 1909, publient, avec valeur officielle, la plupart des documents romains.

CHAPITRE IX

CONCILES ET SYNODES

A. CONCILES NATIONAUX OU PLÉNIERS

Ils ont été exceptionnels ou, pour le moins, très rares.
— De 1789 à 1850 : un seul concile plénier : Presbourg (en Hongrie) en 1822.
— De 1850 à 1917 : Rome refuse les demandes de tenir des conciles nationaux. De très rares réunions eurent cependant lieu (17 d'après R. METZ, HDIEO, t. XVII, 1983, 122-123, qui en donne la liste).
— Entre 1917 et 1957 : on en relève 9, Italie mise à part (*ibid.*, 126).
— Quelques rares tentatives, souvent assez mal vues, ont eu lieu depuis Vatican II.
Texte de quelques conciles pléniers d'avant 1870 dans la continuation de J. B. MANSI, t. 44, 47, 48 (J. B. MARTIN et L. PETIT (éd.), Paris, 1911-1923 ; reprod. Gratz, 1961).
Bibliographie. Sur les conciles nationaux, pléniers ou régionaux de 1789 à 1978, voir R. METZ, dans HDIEO, t. XVII, 1983, 118-132 (avec bibliographie).

B. LES DEUX CONCILES ŒCUMÉNIQUES DU VATICAN

1. Vatican I (1869-1870).

Texte. COD, 801-806.
Bibliographie.

R. Aubert, *Histoire des conciles œcuméniques*, t. XII, *Vatican I*, Paris, 1964.
R. Epp, Dans HDIEO, t. XVI, 1981, 81-84 (avec bibliographie).
R. Metz, *ibid.*, t. XVII, 1983, 18-34.

2. Vatican II (1963-1965).

Texte. COD, 817-1135.
Concile de Vatican II, constitutions, décrets, déclarations, messages, Paris, 1968.

Bibliographie. L'événement a suscité une littérature considérable.

Orientation générale.

R. Metz, HDIEO, t. XVII, 1983, 43-71.
Le 2ᵉ concile du Vatican, 1959-1965, Colloque de l'École française de Rome, 1986 (coll. de l'École française de Rome, 113, 1989).

Historique et procédure.

A. Indelicato, « La preparazione del Vaticano II° », *Cristianesimo nella storia*, t. VIII², 1987, 119-132.
Ph. Levillain, *La Mécanique politique de Vatican II. La majorité et l'unanimité dans un concile*, « Théologie historique », Paris, 1975.
G. Alberigo, J. P. Jossua, J. A. Komonchack, *La Réception de Vatican II*, Paris, 1985.
The Reception of Vatican II, Washington, 1988.

Constitution dogmatique *De ecclesia*, « *Lumen gentium* » (21 novembre 1964).
G. Alberigo (éd.), *Synopsis historica*, Istituto per le scienze religiose, Bologne, 1975 (les sources et les projets successifs).

Constitution pastorale *De ecclesia in mundo huius temporis*, « *Gaudium et spes* », 7 décembre 1965.
La Constitution pastorale « Gaudium et spes » (texte et

trad. française officielle, histoire de la constitution), « Unam sanctam », Paris, 1967.

C. LA LÉGLISLATION SYNODALE

1. Histoire des synodes diocésains depuis 1789.

R. METZ, HDIEO, t. XVII, 1983, 156-169 (avec bibliographie). D'après les t. 36 A et suivants de la continuation de J. B. MANSI (par J. B. MARTIN et L. PETIT), R. METZ a dénombré 511 synodes diocésains de 1789 à 1907 (dernière année répertoriée dans J. B. MANSI), dont 377 de 1850 à 1907. Textes ou références aux textes jusqu'en 1867 dans J. B. MANSI, t. 39, 43, 44, 47, 48, Paris, 1907-1923 ; reprod. Gratz, 1961-1962.

L. TRICHET, *Le synode diocésain*, Paris, 1992.

2. Pour l'Italie.

S. DA NADRO, *Sinodi diocesani italiani*, Catalog « Studi e Testi », 207, Vatican, 1960 (liste des synodes de 1534 à 1878). M. VISMARA-MISSIROLI, *I sinodi diocesani di Pio IX (1866-1878), Sinodi e concilii dell'Italia post-unitaria*, t. II, Rome, 1988 (texte de 16 synodes).

3. Pour l'époque récente.

S. FERRARI, « I sinodi diocesani di Angelo Giuseppe Roncalli », *Cristianesimo nella storia*, t. IX[1], 1988, 113-133 (Venise, 1957 ; Rome, 1968, avec d'importantes constitutions synodales). T. PIERONEK, « I concili particolari e diocesani come organi di cosultazione nel governo delle chiese particolari. Esperienze delle Chiese in Polonia dopo il concilio Vaticano II° », *Esercizio del potere...*, Atti del VIII° colloquio romanistico-canonistico, Latran, 1990 (Univ. Later., Rome, 1991), 377-390.

CHAPITRE X

LES CODIFICATIONS

Vue générale.

J. GAUDEMET, « Collections canoniques et codifications », RDC, 33, 1983, 81-109.

—, « Essais de systématisation en droit canonique », *La sistematica giuridica, Ist. della Enciclopedia italiana*, Rome, 1991, 175-178.

La codification du droit canonique constitue une nouveauté considérable de l'époque contemporaine. Elle répondait à des besoins pratiques évidents, dénoncés depuis longtemps. Elle porte la marque, dans le Code de 1917, d'exemples séculiers qui ont influencé ses rédacteurs. Le Code de 1983, profondément marqué par le concile de Vatican II, prend au contraire ses distances vis-à-vis des codifications séculières. Comme le rappelle sa constitution de promulgation *Sacrae disciplinae leges*, « ce code [est] un grand effort pour traduire en langue canonique la doctrine même de l'ecclésiologie conciliaire ».

A. LE CODE DE 1917

Les sources du Code ont été données par son principal auteur le cardinal GASPARRI, *Codicis iuris canonici fontes*, 2 vol., Rome, 1926-1939.

Historique. Pie X, dès son élection (14 août 1903), décide la codification.

19 mars 1904 : le *motu proprio « Arduum munus »* annonce la mise en chantier du travail.

15 novembre 1904 : début des travaux.

27 mai 1917 : promulgation du Code par Benoît XV.

27 mai 1918 : entrée en application du Code. Un décret de la Congrégation des séminaires et des universités du 7 août 1917 le qualifie d'*Anthenticus et unicus iuris canonici fons.*

Bibliographie.

R. METZ, Dans HDIEO, t. XVI, 1981, 221-259.

—, « La codification du droit de l'Église catholique au début du XXᵉ siècle », *Diritto e potere nella Storia del diritto, 4ᵉ Cong. soc. italiana di storia del diritto,* Florence, 1982, 1069-1092 ; et *Archives des sciences sociales des religions,* 51-52, 1981, 49-64.

—, Diverses contributions sur les sources du Code : « Saint Augustin », RDC, 1954, 405-419 ; « Les conciles œcuméniques », RDC, 1900-1961 (*Mélanges Julien*), 192-211 ; « Sources polonaises », *Analecta Cracoviensia,* 1975, 385-401.

B. LE CODE DE 1983

Même titre officiel que le Code de 1917 : *Codex iuris canonici.*

Texte. Dans les *Acta Apostolicae Sedis.* Texte et traduction officielle française en 1984 (par la Société internationale de droit canonique et de législations religieuses comparées).

Documentation sur les travaux préparatoires du Code dans *Communicationes,* publié depuis 1969 (23 vol. ; 2 fasc. par an, *Pontificium Consilium de legum textibus interpretandis*).

Historique.

25 janvier 1959 : Jean XXIII, à Saint-Paul-hors-les-Murs, annonce l'« *aggiornamento del Codice di diritto canonico* ».

14 novembre 1960 : début des travaux.

Fin 1982 : achèvement de la rédaction.

25 janvier 1983 : promulgation par la constitution apostolique *Sacrae disciplinae leges.*

27 novembre 1983 : entrée en vigueur du Code.

Le Code compte 1 752 canons, répartis en 7 livres.

Bibliographie.

R. METZ, « La Nouvelle Codification du droit de l'Église », RDC, 33, 1983, 110-168.

H. SCHWINDENWEIN, *Das neue Kirchenrecht. Gesammtdarstellung,* Graz-Vienne, 1983.

P. LOMBARDIA (éd.), *Codigo de Derecho canonico*, Éditions de l'université de Navarre, 1984.

« Le Nouveau Code de droit canonique », *Actes du Congrès d'Ottawa*, 1984 (M. THIÉRIAULT et J. THORN (éd.), 1986).

J. HERRANZ, *Studi sulla nuova legislazione della Chiesa*, Milan, 1990.

Sur des questions particulières :

J. GAUDEMET, « La Hiérarchie des normes dans le nouveau Code de droit canonique », *Pro fide et iustitia, Fest. cardinal Casaroli*, Berlin, 1984, 205-218.

R. CASTILLO-LARA, « Le Livre III du CIC de 1983 », AC, 31, 1988, 17-54.

C. LE CODE DES CANONS
DES ÉGLISES ORIENTALES

Titre officiel : *Codex canonum ecclesiarum orientalium*.

Concerne les Églises catholiques de rites orientaux : 21 Églises *sui iuris*, appartenant à 5 rites : alexandrin, antiochien (auquel se rattache en particulier l'Église maronite), arménien, chaldéen, constantinopolitain. Environ 12 à 15 millions de fidèles.

Texte. Dans les *Acta apostolicae Sedis*, t. 82, du 18 octobre 1990.

Documentation sur l'élaboration du Code dans les *Nuntia* (Librairie Vaticane, Rome, deux fasc. par an, de 1975 à 1991).

Historique.

Première phase.

15 juillet 1927 : les cardinaux, membres de la Congrégation pour l'Église orientale, se prononcent, sur rapport du cardinal Gasparri, secrétaire d'État, en faveur d'une codification du droit canonique oriental.

29 novembre 1929 : Pie XI institue une commission pour « les travaux préparatoires de la codification orientale », que préside le cardinal Gasparri, secrétaire d'État.

De décembre 1935 à mars 1948 : travaux de rédaction des textes (2 666 canons).

De 1949 à 1958 : promulgation partielle par quatre *motu proprio* de Pie XII ; successivement : droit matrimonial (22 février 1949) ; procédure (6 janvier 1950) ; droit des religieux

et des biens (2 février 1952) ; personnes (2 juin 1957), au total
1 590 canons sont promulgués et entrent en vigueur. Le reste
du code est prêt, mais ne sera jamais promulgué.

Deuxième phase.

10 juin 1972 : Paul VI institue la « Commission pontificale
pour la révision du code de droit canonique oriental » (lettre
au cardinal Villot, secrétaire d'État).

Mars 1974 : début de la rédaction des projets.

28 janvier 1989 : remise du projet de Code au souverain
pontife.

18 octobre 1990 : promulgation du Code par la constitution
Sacri canones.

Le Code compte 1 546 canons, répartis en 30 titres.

Bibliographie.

R. METZ, dans HDIEO, XVI, 1981, 272-281 ; 343-352.

O. BUCI, « Il codice di diritto canonico orientale nella storia
della Chiesa », *Apollinaris*, 55, 1982, 370-448.

E. EID, « La Révision du Code de droit canonique oriental »,
AC, 33, 1990, 11-27.

Histoire de la codification dans la Préface à l'édition du
Code (*Acta apostolicae Sedis* du 18 octobre 1990, 1047-1080).

D. SALACHAS, *Istituzioni di diritto canonico delle Chiese cattoliche orientali*, Bologne, 1993.

CHAPITRE XI

LA DOCTRINE

Bibliographie

Van Hove, *Prolegomena*, 572-612 ; 634-642 (où l'on trouvera une mine de renseignements).

R. Metz, HDIEO, t. XVI, 1981, 201-215.

P. Erdö, *Introductio in historiam scientiae canonicae*, Rome, 1990.

Sur l'enseignement du droit canonique au xix^e
et au début du xxe siècle.

Pour Rome, O. Buci, « Gli studi giuridici nello Studium Curiae dal trasferimento all' Apollinare fino alla Accademia delle Conferenze storico-giuridiche », *Atti del VII colloquio intern. romanistico-canonistico*, Rome, 1988, « Utrumque ius », 20 (Librairie vaticane, 1990), 147-198.

En France.

Y. Marchasson, « Le Renouveau de l'enseignement du droit canonique en France », AC, 25, 1981, 1-15.

J. Imbert, « Notules sur l'enseignement du droit canonique en France », AC, 33, 1990, 79-99.

Padoue, S. Ferrari, dans les *Ann. di Macerata*, 1982, 229-253.

Fribourg-en-Brisgau, A. Hollenbach, ZSS KA, 59, 1973, 343-382.

Bonn, L. MÜLLER, ZSS KA, 71, 1985, 215-326.
L'université fondée en 1818 n'eut un professeur de droit
canonique qu'en 1906.

A. LES ŒUVRES

Innombrables furent dans les divers pays (et tout spécialement
dans ceux de l'Europe occidentale) les œuvres qui, en latin,
ou plus souvent dans les « langues vulgaires », ont, depuis deux
siècles, traité du droit canonique.

Vouloir les recenser ne servirait à rien. Beaucoup de ces
œuvres sont tombées dans un total oubli. De leur masse deux
constatations se dégagent.

1. Les courants gallicans, joséphistes, richéristes, fébronia-
nistes, qui avaient « infecté » (VAN HOVE, 549) une partie de
la doctrine au XVIIᵉ et plus encore au XVIIIᵉ siècle, sont en
nette régression. Ils ont le plus souvent disparu au profit d'un
ultramontanisme dominant. La doctrine fait sienne la formule
augustinienne : « *Roma locuta est...* »

2. Prudente et conformiste, cette doctrine, au milieu du
XIXᵉ siècle, est sans éclat. Les connaissances canoniques sont
médiocres. L'épiscopat tient le droit pour inutile ou dangereux.
À Paris, le cardinal Guibert, à Rouen, Mgr de Bonnechose
s'opposent à la création d'enseignements nouveaux (voir
Y. MARCHASSON). « Dans la première moitié du XIXᵉ siècle les
études canoniques ne fleurissent guère » (VAN HOVE, 575).
« Crise grave du droit canonique » (R. METZ, 202). On incrimine
les désastres de la Révolution, le déclin des études, l'ésotérisme
d'un droit vieilli, la médiocrité de l'enseignement du droit
canonique dans les séminaires et les maisons religieuses, l'absence de toute culture historique, l'ignorance des progrès de
la science juridique séculière.

Un renouveau s'esquisse dans les années 1870-1880. Il ne
s'affirmera vraiment que depuis les années 1930.

B. L'ENSEIGNEMENT

En Allemagne, en Autriche, en Espagne, en Italie, à côté de l'enseignement du droit canonique, il existe, dans les universités de l'État, un enseignement du droit ecclésiastique *(diritto ecclesiastico, Kirchenrecht)*, assuré par des juristes qui ont été formés aux méthodes modernes. On y traite des matières où les compétences de l'Église et de l'État se rencontrent et parfois interfèrent (mariage, enseignement, statut des lieux de culte, certains aspects du statut clérical, etc.).

En France, dans le régime de séparation, il n'y a plus de place pour un enseignement de droit canonique dans les établissements de l'État. Mais on le rencontre à la faculté de théologie catholique de l'université de Strasbourg, dans le cadre d'un « régime concordataire ». Le Décret du 30 mai 1924 (art. 7) crée, parmi les chaires de la faculté de théologie catholique, une chaire de droit canonique (faculté de théologie catholique, Mémorial du cinquantenaire, 1919-1969, 79). La même année l'Institut de droit canonique de l'université de Strasbourg obtenait du Saint-Siège la reconnaissance canonique de ses diplômes universitaires, ce qui donnait à un même diplôme à la fois la valeur d'un titre d'État et celle d'un titre canonique. L'enseignement était assuré à l'Institut à la fois par des professeurs de la faculté de théologie catholique et par des professeurs de la faculté de droit et des sciences politiques.

En dehors du cas particulier de Strasbourg, le droit canonique est enseigné sous des formes diverses, non seulement dans les facultés de droit canonique des instituts catholiques (Paris, Lyon, Toulouse), mais également dans des établissements d'État. En 1920 une chaire d'histoire du droit canonique était créée à la faculté de droit de Paris pour Paul Fournier. Elle eut par la suite divers titulaires. Ainsi, en terre séparatiste comme en pays concordataire, l'Université française faisait une place à l'enseignement du droit canonique.

À l'École pratique des hautes études (V^e section, sciences religieuses), une « Conférence d'histoire du droit canonique » fut créée le 30 janvier 1886 et confiée à A. Esmein. Cinq professeurs d'histoire du droit de l'université de Paris se sont succédé depuis plus d'un siècle dans cette « direction d'études ».

Dans les facultés de droit de province, à l'ombre de l'enseignement d'histoire du droit, le droit canonique occupe, selon les lieux, les temps et les compétences, une place souvent notable.

C. DIVERSIFICATION DES MÉTHODES

Tandis que se multipliaient les lieux d'enseignement, les méthodes, profitant du renouveau des sciences, se diversifiaient.

Le commentaire un peu terne de textes usagés gardait ses adeptes, fermement attachés à des formes d'enseignement, fières d'une longue tradition, mais qui suscitaient rarement l'enthousiasme. La promulgation du Code de 1917, tout en renouvelant la matière commentée, fournit une nouvelle occasion à la stricte exégèse. Par deux décrets du 7 août 1917 et du 31 octobre 1918, la Congrégation des séminaires et des études imposait cette méthode et prescrivait « un exposé religieusement respectueux de l'ordre des titres et des canons du Code ». Aucun livre, autre que le Code, n'était tenu pour « nécessaire » et, si l'on faisait appel à quelque secours extérieur, il fallait éviter que cela ne vînt modifier l'ordre « tenu pour saint » des canons du Code (*Acta apostolicae Sedis*, 9, 1917, 439).

L'attention portée au droit canonique par des juristes, des historiens, des sociologues, formés à des méthodes plus novatrices, favorisèrent de nouvelles recherches. En Allemagne, en France, aux États-Unis, mais aussi en Italie ou en Espagne, l'histoire du droit canonique, trop longtemps négligée (ou redoutée) connaît depuis un siècle un remarquable essor (voir « L'apport d'un siècle », p. 237-241). La sociologie religieuse rend vie à l'étude des normes. Elle en explique les origines, les finalités, les limites. La méthode comparative soustrait le droit canonique à un isolement qu'expliquait, sans le justifier, la spécificité d'un droit dont les fins dépassent les seuls soucis temporels.

Rejetant les clivages des méthodes, des secteurs de recherche, des objectifs de l'enseignement, des langues, des cultures et des convictions, de grandes associations internationales, de nouveaux centres de recherche, de multiples rencontres se sont organisés depuis la fin de la Seconde Guerre mondiale. Des revues de droit canonique, d'audience internationale, ont vu le jour.

Sans doute, beaucoup reste à faire. Mais l'enjeu est mieux perçu. Des moyens sont en œuvre. Des équipes, où collaborent clercs et laïcs, mettent en évidence les lacunes à combler, les secteurs à défricher, tout en apportant inlassablement les pierres qui servent à construire le nouvel édifice.

D. L'APPORT D'UN SIÈCLE

Il n'est pas question de donner ici une bibliographie que l'on trouvera ailleurs (en particulier dans les *Prolegomena* de Van Hove pour la période antérieure à 1945), mais de signaler les principaux apports.

1. — *En Allemagne*, dans le dernier tiers du XIXe siècle et au début du XXe, l'ampleur prise par les études historiques eut sa répercussion sur les travaux des canonistes (catholiques et protestants). Particulièrement notable, à ce point de vue, est le manuel de P. Hinschius, *Das Kirchenrecht der Katholiken und Protestanten in Deutschland*, 6 vol. publiés, 1869-1897 ; reprod. 1959.

Le livre, construit sur un plan « systématique », se veut un manuel de droit moderne à l'usage des praticiens. Mais l'immense science historique de l'éditeur des Fausses Décrétales lui a permis de donner, dans des notes abondantes, une information historique sur chaque question, qui reste aujourd'hui encore une mine d'informations.

Avec moins d'ampleur et en proposant des interprétations de l'histoire des sources qui ont prêté à discussions (voir Y. M. Congar, « Rudolf Sohm nous interroge encore », *Revue des sciences philosophiques et théologiques*, 57, 1973, 263-294) : R. Sohm, *Kirchenrecht*, t. I, *Die geschichtlichen Grundlagen*, Leipzig, 1892 ; t. II, *Katolisches Kirchenrecht*, 1923.

Et, dans un exposé moins « engagé » de l'histoire : U. Stutz, le fondateur de la section canonique de la ZSS en 1910, auteur de multiples études et maître de nombreux canonistes allemands. Voir les études qui lui ont été consacrées dans la ZSS KA, 74, 1988, qui lui est dédiée.

Vers le même temps, *à Rome*, enseigne à l'université

grégorienne (de 1881 à 1906) le P. F. X. WERNZ (sj), que l'on a pu qualifier de « *the last of the decretalits* ». Son *Ius decretalium* (6 vol., Rome, 1898-1914) témoigne, par son titre, mais plus encore par sa méthode, de sa fidélité à des traditions exégétiques désormais dépassées. Cette « somme », dont on admire la science, sera rééditée pour tenir compte de la codification de 1917 : F. X. WERNZ-P. VIDAL, *Ius canonicum ad Codicis norman exactum* (7 vol., Rome, 1925-1937).

2. — Au XXᵉ siècle, l'essor des études historiques a donné une orientation nouvelle à l'étude du droit canonique. Cette impulsion, sensible dans tous les pays, est particulièrement marquée en France et en Allemagne. Sans vouloir en donner le tableau détaillé, on en fournira quelques « repères ».

On citera pour *l'Allemagne* : H. E. FEINE, *Kirchliche Rechtsgeschichte*, t. I, *Die katholische Kirche*, Weimar, 1950, seul publié, nombreuses rééditions.

Pour *l'Autriche* : W. M. PLÖCHL, *Geschichte des Kirchenrechts*, 4 vol., Vienne, 1955-1966, plusieurs rééditions.

En France, l'étude historique du droit canonique, engagée par A. ESMEIN, activement menée pendant sa trop courte carrière par R. GENESTAL, a bénéficié de l'impulsion décisive de P. FOURNIER et, dans son sillage, de celle de G. LE BRAS.

P. FOURNIER a conduit pendant toute sa carrière des recherches sur les sources manuscrites du droit canonique médiéval auxquelles le préparait sa double formation de chartiste et d'historien du droit. Les principales ont été réunies dans des *Mélanges de droit canonique*, 2 vol., Aalen, 1981.

Elles ont largement nourri l'ouvrage écrit en collaboration avec G. LE BRAS : *L'Histoire des collections canoniques en Occident depuis les Fausses Décrétales jusqu'au Décret de Gratien*, 2 vol., Paris, 1931-1932.

Les travaux de G. LE BRAS sont indiqués dans la bibliographie qui figure au début du t. I des *Études d'histoire du droit canonique* (dédiées à G. Le Bras), Paris, 1965, 2 vol.

Le doyen G. LE BRAS a été l'initiateur et le maître d'œuvre de l'*Histoire du droit et des institutions de l'Église en Occident*, dont les 13 volumes publiés, sans avoir pu donner l'exposé complet de cette histoire, couvrent les deux millénaires qui vont des « Temps apostoliques » à l'avènement de Jean-Paul II.

Avec d'autres objectifs, mais sans négliger l'histoire : R. NAZ (éd.), *Traité de droit canonique*, 4 vol., 1946-1948, Paris, et le *Dictionnaire de droit canonique*, dirigé (et souvent nourri) par le même R. NAZ, Paris, 1926 s.

Parmi les manuels de droit canonique récents, qui tiennent compte des enseignements de Vatican II et du Code de 1983 :
P. VALDRINI, J. VERNAY, J.-P. DURAND, O. ÉCHAPPÉ, *Droit canonique*, « Précis », Paris, 1989.

J. GAUDEMET, *Droit canonique*, « Bref », Paris, 1989.

R. PUZA, *Katholisches Kirchenrecht*, Heidelberg, 1989.

Divers auteurs, *Manual de derecho canonico*, Coleccion canonica de la Universidad da Navarra.

1. Établissements d'enseignement et de recherche.

Parmi les créations des deux derniers siècles :
l'université catholique de Louvain, créée en 1834, a une faculté de droit canonique.

À l'Institut catholique de Toulouse une faculté de droit canonique a été fondée par décret de la Congrégation des études du 20 juin 1899 (mais ne sera en fonction que depuis 1919).

À l'Institut catholique de Paris, sous l'impulsion de l'abbé d'Hulst, nommé recteur en 1881, l'enseignement du droit canonique connaît un renouveau avec des canonistes de renom, comme le futur cardinal Gasparri et l'abbé Boudinhon. La section de droit canonique de la faculté de théologie devient en 1895 une faculté de droit canonique autonome.

À Rome deux facultés de droit canonique : à l'Appolinare (1853), à l'Université grégorienne (décret de la Congrégation des études du 16 août 1876). À Washington, création de la Catholic University of America en 1889.

À Yaoundé, est créé le 1er septembre 1993 un institut de droit canonique (P. Nothum, dir.) par l'Université catholique d'Afrique centrale, en coopération avec la Faculté de droit canonique de l'Institut catholique (Université catholique) de Paris.

2. Organismes de recherche scientifique.

Des instituts de recherche existent auprès de la plupart des facultés de droit canonique. Particulièrement important est l'*Institute of medieval canon law*. Fondé à Washington en 1955, transféré à Yale en 1963, il est installé depuis 1970 à Berkeley (Californie). Ses travaux sont publiés sous le patronnage de la Congrégation des séminaires et des études, dans une collection de « Monumenta iuris canonici », qui comporte trois sections : A. *Corpus collectionum* ; B. *Corpus glossatorum* ; C. *Subsidia*.

Dans le cadre d'une convention passée entre les deux institutions, la faculté de droit Jean-Monnet (Paris-Sud) et l'Institut catholique de Paris assurent avec la collaboration de l'université Paris-II, la préparation d'un doctorat de droit canonique, reconnu comme diplôme d'État et comme diplôme canonique.

Depuis 1991-1992 une formation doctorale en droit canonique (programme « Erasmus ») est assurée à Paris, dans le cadre de la Communauté européenne par des professeurs appartenant aux établissements d'enseignement supérieur de huit États de la Communauté (programme « Gratianus »).

Le 31 mai 1991 est créé le Centre universitaire de recherche *Droit et sociétés religieuses*, par la faculté Jean-Monnet et la faculté de droit canonique de Paris (B. Basdevant-Gaudemet et J.-P. Durand, dir.).

3. Associations et réunions internationales.

Une *Consociatio internationalis iuris canonici promovendo* a été fondée à Rome en 1968. Elle tient tous les quatre ans un congrès international dont les travaux sont régulièrement publiés.

L'histoire du droit canonique médiéval réunit les historiens de cette discipline dans une Iuris canonici medii aevi consociatio (ICMAC). Depuis 1960 des congrès de droit canonique médiéval sont organisés périodiquement, sous l'égide de l'Institut of medieval canon law. Leurs travaux sont publiés dans les *Subsidia*.

L'Istituto « Utriusque iuris » de l'université du Latran organise tous les deux ans un « Colloquio romanistico-canonistico », dont les travaux sont publiés dans la collection « Utrumque ius », éditée par cette université.

La Société internationale de droit canonique et de législations comparées (P. Valdrini, predt.) publie l'*Année canonique* avec la Faculté de droit canonique de l'Institut catholique de Paris et organise des congrès et sessions.

4. Revues nouvelles.

Parmi les revues de droit canonique fondées depuis 1950 : *Österreichisches Archiv für Kirchenrecht* (Vienne, 1950), *Revue de droit canonique* (Strasbourg, 1951), *Année canonique* (Institut catholique, Paris, 1952), *Studia canonica* (université Saint-Paul, Ottawa, 1966), *Ius canonicum* (université de Navarre, Pampelune, 1961), *Ius Ecclesiae* (Ateneo romano della Santa Croce, Rome, 1989).

5. Collections.

« Coleccion canonica de la universidad de Navarra » (Pampelune), « Collana di studi di diritto canonico ed ecclesiastico » (R. BERTOLINO [éd.], Chiappiacelli, Turin).

« Droit canonique », Éditions du Cerf ; doyen J.-P. Durand, dir. (Droit canonique et droit civil ecclésiastique).

« Sources canoniques », Éditions du Cerf ; vice-doyen O. Echappé, dir.

CHAPITRE XII

L'ÉGLISE ET LES ÉTATS

Malgré les protestations du Saint-Siège, le Traité de Vienne n'avait pas rétabli le Saint-Empire. Dans un monde éclaté, où les gouvernements n'acceptent plus les interventions de Rome *in temporalibus*, les relations entre l'Église catholique et les États prennent un autre visage. Le souverain pontife est aussi chef d'État. C'est avec l'État pontifical, le Saint-Siège, que s'instaurent des rapports conventionnels de type diplomatique, qualifiés le plus souvent de « concordats ». Une soixantaine de ces accords ont été conclus depuis le début du XIXᵉ siècle entre le Saint-Siège et des États d'Europe, d'Amérique, parfois d'Afrique. Ils traitent des « questions mixtes » (statut du clergé, biens d'Église, enseignement religieux, mariage, etc.), points de rencontre « incontournables » entre les deux pouvoirs.

Des relations régulières sont assurées par des nonciatures auprès des États séculiers et des ambassades auprès du Saint-Siège.

L'histoire de ces relations ne relève pas de notre propos. On ne fournira ici que quelques « repères ». Puis on rappellera les grandes lignes de l'histoire des concordats.

A. LE SAINT-SIÈGE ET LES ÉTATS

Sur la place et le rôle du Saint-Siège dans les relations internationales au cours des XIXᵉ et XXᵉ siècles, voir les « Histoires générales » et les « Histoires de l'Église ». Et également :

Le Saint-Siège et les Relations internationales, Colloque d'Aix-en-Provence, 1988 (J. B. d'Onorio (éd.), Paris, 1989).

M. MERLE, Ch. DE MONTCLOS, *L'Église catholique et les Relations internationales*, Paris, 1988.

Las relaciones entre la Iglesia y el Estado, Estudios... Lombardia, Madrid, 1989 (recueils d'articles d'auteurs divers).

Sur l'Église en Afrique : G. RUGGIERI (éd.), *Église et histoire de l'Église en Afrique*, Colloque de Bologne, Paris, 1988.

Sur les aspects proprement institutionnels : L. CHEVAILLER, HDIEO, t. XVII, 1983, 300-432.

Parmi les travaux récents sur les sources :

J. CHARON-BORDAS (éd.), *Inventaire des archives de la Légation en France du cardinal Caprara, 1801-1808*, Paris, 1975.

Documentos para la historia de las relaciones Iglesia — Estado en la España del siglo XIX, S.I, *Nunciatura* (Édition de l'université de Navarre, Pampelune).

Questions particulières :

Y. MARCHASSON, *La Diplomatie romaine et la République française à la recherche d'une conciliation, 1879-1880*, « Théologie historique », Paris, 1974.

J. M. LENIAUD, *L'Administration des cultes pendant la période concordataire*, Paris, 1988.

B. BASDEVANT-GAUDEMET, *Le Jeu concordataire*, Paris, 1988.

R. LECOURT, *Entre l'Église et l'État. Concorde sans concordat, 1952-1957*, Paris, 1978 (les négociations secrètes menées de 1952 à 1957 pour régler divers points litigieux, spécialement la question scolaire. Arrêt avec la chute du gouvernement Guy Mollet en mai 1957).

B. LES CONCORDATS

Bibliographie.

A. MERCATI, *Raccoltà di concordati*, 2 vol., 1908-1914 et 1914-1954 (nlle éd. Vatican, 1954).

A. ZANOTTI, « Il Concordato austriaco del 1855 », *Seminario giur. della università di Bologna*, 117, Milan, 1986.

VAN HOVE, *Prolegomena*, 78-81 (pour la période 1922-1941).

P. CIPROTTI, E. ZAMPETTI, *I Concordati di Giovanni XXIII e dei primii anni di Paolo VI*, 1958-1974, Università di Camerino, « Testi », sez. XV, n° 8, 1975.

Autriche, Allemagne, Yougoslavie, Espagne, Suisse, Argentine, Bolivie, Colombie, Paraguay, Salvador, Tunisie, Venezuela.

Los acuerdos concordatarios españoles y la revisione del Concordato italiano, Barcelone, 1980 (divers articles).

R. MINNERATH, *L'Église et les États concordataires (1846-1981)*, Paris, 1983.

S. FERRARI (éd.), *Concordato e costituzione. Gli accordi del 1984 tra Italia e Santa Sede*, « Religione e Società », 18, Bologne, 1985.

J. GAUDEMET, « L'Accord du 18 février 1984 entre l'Italie et le Saint-Siège », *Annales françaises de droit international*, 30, 1984, 209-220.

J. LIST (éd.), *Die Konkordate und Kirchenverträge in der Bundesrepublik Deutschland*, Berlin, 1987.

Chronologie sommaire.
− *De 1801 à 1847, les concordats sont rares.*
Trois sous Pie VII (1800-1823) :
1801 : France,
1817 : Bavière,
1818 : Deux-Siciles.
Aucun sous Léon XII et Pie VIII (1823-1830).
1841 : Modène.
− *Une « poussée », pas très efficace, sous Pie IX (1846-1878).*
1847 : Russie (dénoncé en 1866).
Puis neuf avec des pays d'Amérique latine, souvent précaires :
1851 : Bolivie (non ratifié),
1852 : Costa-Rica,
1852 : Guatemala (jusqu'en 1871),
1860 : Haïti,
1861 : Honduras (jusqu'en 1880),
1861 : Nicaragua (jusqu'en 1894),
1862 : Salvador,
1862 : Équateur (dénoncé en 1868),
1862 : Venezuela (jusqu'en 1870).
Et aussi :
1855 : Autriche (dénoncé en 1870),
1874 : Espagne.
− *Une longue période « calme » de 1863 à 1920.*

Cinq concordats sous Léon XIII (1878-1903) :
1881 : Équateur,
1882 : Russie (dénoncé en 1885),
1884 : Guatemala (jusqu'en 1901),
1886 : Monténégro (jusqu'en 1918),
1887 : Colombie.
Sous Pie X (1903-1914) :
1914 : Serbie (jusqu'en 1918).
Sous Benoît XV (1914-1922) : aucun concordat.
— *Sous Pie XI (1922-1939)*.
Treize concordats, conséquence des remaniements territoriaux
et des mouvements idéologiques.
Six concordats avec des États nouveaux :
1922 : Lettonie,
1925 : Pologne,
1927 : Lituanie,
1927 : Roumanie,
1927 : *modus vivendi* avec la Tchécoslovaquie,
1935 : Yougoslavie (jamais ratifié).
Cinq concordats en Allemagne et Autriche :
1924 : Bavière,
1929 : Prusse,
1932 : Bade,
1933 : Reich allemand,
1933 : Autriche.
Et en outre :
1928 : Portugal (Pour les Indes orientales),
1929 : Italie (concordat du Latran),
1937 : Équateur.
— *Rares concordats entre 1937 et 1964*.
Quatre concordats sous Pie XII (1939-1958), dont :
1940 : Portugal,
1953 : Espagne (La Convention de 1941 sur les présentations
passe dans ce concordat, art. 7).
— *Nouvelle phase d'activité depuis 1964*.
Mais la formule des concordats globaux semble être un peu
abandonnée. Au total onze accords entre 1964 et 1984 :
1964 : Venezuela,
1964 : Tunisie *(modus vivendi)*,
1965 : Basse-Saxe,
1966 : Argentine,

1966 : Yougoslavie (protocole),
1973 : Colombie,
1975 : Portugal (concordat),
1976-1979 : Espagne (1 + 4 accords),
1980 : Pérou (concordat),
1981 : Monaco (convention),
1984 : Italie (accords de la Villa Madame).
En 1993, signature du concordat en Pologne.

INDEX

Afin de faciliter et d'accélérer les recherches le présent Index a été réparti en trois rubriques. Les deux premières, qui présentent une évidente homogénéité de sujet, allègent l'Index général aux thèmes beaucoup plus divers.

I. LETTRES DES PAPES

II. COLLECTIONS CANONIQUES
(du IXᵉ siècle aux environs de 1135)

INDEX GÉNÉRAL

Table des matières

Achevé d'imprimer en octobre 1993
sur les presses de la Nouvelle Imprimerie Laballery
58500 Clamecy

Dépôt légal : octobre 1993
Numéro d'impression : 303065
N° d'édition : 9603

« DROIT CANONIQUE »

DOCUMENTS

- *Code de droit canonique latin-français*, Texte latin officiel et trad. franç. par la Société internationale de droit canonique et de législations religieuses comparées, coéd. Centurion-Cerf-Tardy, 1985, 360 pages.
- *Code de droit canonique annoté*, Trad. et adapt. franç. des Notes de l'Université pontificale de Salamanque (trad. Alexandre Soria-Vasco, Michel-Ange Chueca, Henri Laplane ; adapt. Patrick Valdrini et Jean-Paul Durand (Dir.)), texte franç. du Code, coéd. Cerf-Tardy, 1989, 1 136 pages.

INITIATIONS

- *Directoire canonique, Vie consacrée et sociétés de vie apostolique*, Comité canonique des religieux, 1986, 320 pages.
- « Des lois dans l'Église, pourquoi ? » Revue *Fêtes et saisons*, février 1987, n° 412, 30 pages.
- GAUDEMET Jean, *Le Droit canonique*, coll. Bref, 1989, 128 pages.
- WERCHMEISTER Jean, *Petit dictionnaire de droit canonique*, 1993, 235 pages.

ÉTUDES

publiées sous la direction de Jean-Paul DURAND

- GAUDEMET Jean, *Les Sources du droit de l'Église en Occident du IIe au VIIe siècle*, coll. Initiations au christianisme ancien, coéd. Cerf-CNRS, 1985, 188 pages (N.J. Sed, dir.).

- FRANCK Bernard, *Vers un nouveau droit canonique ?* Présentation, commentaire critique de la dernière monture préparatoire du Code de droit canonique — rite latin — de l'Église catholique, révisé à la lumière de Vatican II, 1983, 300 pages.

- MINNERATH Roland, *L'Église et les États concordataires (1846-1981), la souveraineté spirituelle* (coll. Thèses), 1983, 510 pages. Préface de Jean Gaudemet.

- FRIEDLANDER Colette, *Décentralisation et identité cistercienne (1946-1985), Quelle autonomie pour les communautés ?* (coll. Thèses), 1986, 484 pages.

- BONFILS Jean, *Les sociétés de vie apostolique, identité et législation*, 1990, 210 pages. Préface de Mgr Clément Guillon.

- COMITÉ CANONIQUE FRANÇAIS DES RELIGIEUX, *Vie religieuse, érémitisme, consécration des vierges, communautés nouvelles*, études canoniques, 1993, 253 pages. Préface de Mgr Thierry JORDAN.

- GAUDEMET Jean, *Les Sources du droit canonique, VIIIe-XXe siècle, Repères canoniques, Sources occidentales*, 1993, 249 pages.